Einmal im Monat trafen sich Loki Schmidt und Reiner Lehberger zum Gedankenaustausch. Im Wohnzimmer in Hamburg-Langenhorn sprachen sie bei einer Tasse Kaffee (und einigen Zigaretten) über die großen und kleinen Dinge des Lebens. Die hier versammelten zwanzig Gespräche zeugen vom facettenreichen Leben und Denken einer großen Persönlichkeit.

Loki Schmidt (1919–2010) ging als erste Kanzlergattin dezidiert auch ihren eigenen Interessen nach. Vor allem durch ihr Engagement für den Pflanzen- und Naturschutz machte sie sich einen Namen. Bei Hoffmann und Campe erschienen unter anderem *Erzähl doch mal von früher. Loki Schmidt im Gespräch mit Reinhold Beckmann* (2008) und *Auf dem roten Teppich und fest auf der Erde* (2010).

Reiner Lehberger, 1948 in Bochum geboren, ist Professor für Erziehungswissenschaft an der Universität Hamburg, Mitbegründer des Schulmuseums und pädagogischer Leiter des Bildungsprogramms der ZEIT-Stiftung. Bei Hoffmann und Campe erschienen von ihm zuletzt *Loki Schmidt. Die Biographie* (2014) und *Die Schmidts. Ein Jahrhundertpaar* (2018).

Loki Schmidt / Reiner Lehberger

Auf einen Kaffee mit Loki Schmidt

Atlantik

Atlantik Bücher erscheinen im
Hoffmann und Campe Verlag, Hamburg.

1. Auflage 2019

www.hoca.de www.atlantik-verlag.de
Umschlaggestaltung: Sarah M. Hensmann © Hoffmann und Campe
Umschlagabbildung: © Imago/Sven Simon
Satz: Dörlemann Satz, Lemförde
Druck und Bindung: C.H. Beck, Nördlingen
Printed in Germany
ISBN 978-3-455-00622-3

HOFFMANN
UND CAMPE

Ein Unternehmen der
GANSKE VERLAGSGRUPPE

Inhalt

Vorwort

Persönlich kennengelernt habe ich Loki Schmidt Mitte der neunziger Jahre anlässlich einer Ausstellungseröffnung zur Hamburger Lichtwarkschule, einer Reformoberschule, die für Helmut und Loki Schmidts Leben von großer Bedeutung war und die durch ihre beiden so prominenten Schüler internationale Bekanntheit erlangt hat. Loki Schmidt hat diese Ausstellung mit einer wunderbaren, mit persönlichen Erlebnissen unterlegten Rede eröffnet.
Noch am Abend dieser Ausstellungseröffnung habe ich von ihr eine Einladung zu einem Besuch in ihr Haus nach Hamburg-Langenhorn erhalten. Aus diesem ersten Treffen ist ein fester Rhythmus geworden. Durchweg einmal pro Monat habe ich Loki Schmidt in den folgenden fünfzehn Jahren auf eine Tasse Kaffee besucht, in Phasen, in denen wir an gemeinsamen Projekten arbeiteten, waren die Abstände auch kürzer. Zu diesen Projekten zählen eine gemeinsame pädagogische Ausstellung mit dem Titel »Früchte der Reformpädagogik«, ein Buch zu Loki Schmidts Berufsbiographie als Lehrerin sowie ein Vorhaben, unterstützt von der ZEIT-Stiftung, zu Betriebspraktika für Hauptschüler.
Unsere Gespräche drehten sich aber keineswegs

nur um Schule und Unterricht, ja in zunehmendem Maße sprachen wir über verschiedene Themen des Alltags und über vieles, was Loki Schmidt wichtig war. Mitte 2009 schlug ich ihr vor, bei unseren Gesprächen ein Tonband mitlaufen zu lassen und jeweils ein größeres Thema in den Mittelpunkt zu stellen. Einige Themen waren schnell gefunden, andere kamen eher spontan zur Sprache. Unsere Entscheidung, daraus ein Buch zu machen, erfolgte, als die ersten Gesprächsprotokolle schriftlich vorlagen. Gemeinsam haben wir diese Protokolle dort, wo es nötig war, gekürzt und bearbeitet, beim folgenden Treffen las ich ihr die redigierte Fassung nochmals vor.

Ich glaube, das gesamte Prozedere hat ihr Freude gemacht, immer hat Loki Schmidt sich über die eine oder andere Formulierung in den Gesprächen auch im Nachhinein noch freuen können. Manches Mal aber konnte sie auch »streng« werden, so, wenn ich ihr Feuerzeug unter einem Berg von Manuskript-Papieren verlegt oder den Aschenbecher außer Reichweite postiert hatte. Und oft waren auch die Blumen, die ich ihr mitgebracht hatte, ein Thema. Manchmal rief sie mich einen Tag später an und berichtete, wie sich die eine oder andere Lilie entwickelt hatte. Ja, über Blumen konnte sich Loki Schmidt freuen, und sie hatte einen Blick für Natur und Pflanzen, der einzigartig war.

Unsere Gespräche dauerten maximal eineinhalb Stunden, dann war es für die Einundneunzigjährige

Zeit, eine Pause einzulegen – eine letzte Tasse Kaffee und manchmal zusammen mit ihr auch eine Zigarette zum Abschied (obwohl ich eigentlich schon seit langem mit dem Rauchen aufgehört habe).
Zwanzig Kapitel hatten wir uns vorgenommen, und die hatten wir Anfang September 2010 auch geschafft. Noch wenige Tage vor ihrem Sturz und der Krankenhausbehandlung war das letzte Kapitel mit dem Titel »Helmut« von Loki Schmidt schlussredigiert worden. Das Erscheinen des Buches kann sie nun aber nicht mehr erleben. Ich bin sicher, sie hätte sich über unsere Gespräche in der vorliegenden Buchform gefreut, denn dieses Projekt war noch einmal deutlich anders als ihre Bücher zuvor. Die Kurzgespräche sind eine Textform, die ihrem Sprachduktus und ihrer Gesprächsführung sehr nahe sind: prägnant und anregend, aktuell und biographisch unterlegt und dazu Themen ansprechend, zu denen sie sich zuvor noch nicht geäußert hatte.
Das Buch findet nun seinen Weg in die Öffentlichkeit ohne Loki Schmidts Begleitung. Das ist zweifellos traurig. Aber realistisch, wie sie war, hätte sie vielleicht gesagt: Ist doch schön, dass wir es fertig bekommen haben.
Loki Schmidt wird vielen Menschen fehlen. Mir in ganz besonderer Weise, und auch unsere Gespräche bei einer Tasse Kaffee werde ich vermissen.

Reiner Lehberger, im November 2010

Loki Schmidt und Reiner Lehberger im Mai 2010

»Selbst beim Schwimmen war ich nicht ohne Sicherheitsbeamten«

Leben mit der »Sicherheit«

Liebe Frau Schmidt, wenn man zu Ihnen ins Haus will, muss man angemeldet sein, man passiert eine Wache, es gibt hohe Zäune und eine Videoüberwachung für das gesamte Grundstück.
Wann hat Ihre Bewachung begonnen?

Wenn ich mich richtig erinnere, hatte ich den ersten eigenen Sicherheitsbeamten, als mein Mann Verteidigungsminister war und wir auf der Bonner Hardthöhe, wo das Ministerium liegt, auch gewohnt haben. Die Hardthöhe ist eine Art kasernenmäßiges Gelände, sodass ich mich dort natürlich frei bewegen konnte, aber immer wenn ich Außentermine hatte, begleitete mich ein Sicherheitsbeamter.

Hat man sich daran gewöhnen können?

Das muss man wohl. Ich habe aber auch schnell gemerkt, dass man die Sicherheitsbeamten in das Leben mit einbeziehen muss. Der erste Sicherheitsbeamte ging immer einige Meter hinter mir her. Ich habe dann gesagt: »Wir gehen doch ohnehin den gleichen Weg, dann lassen Sie uns doch auch nebeneinandergehen.«

1977, nach der Schleyer-Entführung und -Ermordung, dem sogenannten Deutschen Herbst, ist die Bedrohung Ihres Mannes und Ihrer eigenen Person noch größer geworden.

Das war eine sehr angespannte Zeit. Bei Außenterminen wurde die Zahl der begleitenden Beamten erhöht, zum Teil trugen sie offen Maschinenpistolen um die Schultern. Da wusste man schon beim Anblick, wie gefährlich die Lage war. Betroffen davon war dann auch unser Haus hier in Langenhorn. Bevor mein Mann Bundeskanzler wurde, hatten wir das Haus ausgebaut, sodass problemlos noch eine Wache angebaut werden konnte. Nach und nach sind dann die hohen Einzäunungen gekommen, wurden die Fenster und Türen verstärkt. Nach und nach ist also an der Sicherheit weitergearbeitet worden.

Die Sicherheit hat Sie ja dann auf allen Ihren Wegen begleitet, auch im Urlaub.

Das ist das Wesen von Bewachung: dass man überall begleitet wird – auch zum Beispiel in unserem Urlaub am Brahmsee. Das ging so weit, dass mich selbst beim Schwimmen im See ein Sicherheitsbeamter begleitet hat. Auch ist am Brahmsee eine Wache für die Sicherheitsbeamten gebaut worden.

Ist das nicht auf Dauer störend?

Ich sagte ja, man muss sich dran gewöhnen, und man muss bereit sein, die Sicherheitsbeamten in die Familie einzubeziehen. Das heißt, wir pflegen einen vertraulichen Umgang mit ihnen. Wenn wir zum Beispiel Silvester am Brahmsee feiern, wo die Sicherheitsbeamten natürlich auch ihren Dienst schieben müssen, feiern wir immer gemeinsam in einer Gaststätte, wo wir alle gemeinsam essen und anschließend auch das ein oder andere Feuerwerk zünden. – Herr Lehberger, Sie haben schon wieder das Feuerzeug verlegt! *(Lacht.)*

Oh, das tut mir leid, ich platziere es von jetzt an neben dem Aschenbecher.

Nein, in diesem Hause hat das Feuerzeug einen festen Platz, und der ist in der Zigarettenkiste.

Frau Schmidt, während der Kanzlerschaft Ihres Mannes – hatten Sie da Angst um ihn?

Oh ja. Und zwar erheblich mehr als um meine Person. Dennoch haben wir nach der Schleyer-Ermordung – mein Mann und ich also – vereinbart, dass bei einer eventuellen Entführung keiner von uns beiden darum bitten wird, dass der andere ausgetauscht werden kann. Wir haben diese Entscheidung auch an die Sicherheitsinstanzen weitergegeben.

Wie hat Ihre Tochter die Bedrohungssituation damals erlebt?

Das muss für sie sehr bedrückend gewesen sein. Sie hatte sicherlich große Ängste um ihre Eltern. Sie selbst konnte dann auch gar nicht mehr ausgehen, denn sie war auch immer von Bodyguards umgeben. Susanne ist dann eher zu Hause geblieben oder höchstens zu Freunden gegangen.

Haben Sie Ihrer Tochter davon erzählt, dass Sie und Ihr Mann den Beschluss gefasst hatten, sich nicht austauschen zu lassen?

Ja, darüber haben wir gesprochen, und auch Susanne war der Ansicht, dass das Gleiche für sie gelten sollte.

Das klingt beängstigend.

Das waren auch beängstigende Zeiten, und man konnte das eigentlich nur durchstehen, wenn man vieles einfach ausgeblendet hat.

Ihre Tochter ist ja dann nach England gegangen.

Nicht ganz freiwillig zunächst. Als sie sich nach dem Studium bei der Deutschen Bank in Celle um eine Stelle beworben hat, wurde ihre Bewerbung abgelehnt. Den Kunden seien die notwendigen Sicherheitsmaßnahmen für Susanne nicht zuzumuten. Man hat ihr dann ein Angebot gemacht, unter anderem für London. Meine Tochter ist daraufhin nach London gezogen. Das war unser Preis, unser Familienpreis für die notwendige Sicherheit.

Frau Schmidt, sind Sie irgendwann in eine bedrohliche Lage geraten?

Zum Glück nur ein Mal: Im Herbst 2007 hat es eine etwas verwirrte Frau durch falsche Angaben an der Wache geschafft, in unser Haus zu kommen. Sie hat mich heftig attackiert, und ich war froh, dass ich dann die Wache habe alarmieren können. Und außerdem: Als mein Mann schon nicht mehr Bundeskanzler war, sind mir Fotos vorgelegt worden, die aus einer konspirativen Wohnung hier in Langenhorn geschossen worden sind und die mich beim Einkaufen zeigen. Das hat mich dann doch stark berührt, obwohl es schon einige Zeit zurücklag.

Und bei Ihrem Mann, hat es da gefährliche Situationen gegeben?

Insbesondere eine, und zwar in Hamburg-Horn. Da hat bei einer Veranstaltung jemand versucht, ihn mit einem Messer anzugreifen. Zum Glück haben es die Sicherheitsbeamten geschafft, sich auf den Attentäter zu stürzen und ihn zu Fall zu bringen.

Hatten Sie auch mal eine Frau als Sicherheitsbeamtin?

Nein, in der Zeit, als mein Mann Kanzler war, gab es das noch nicht. Später dann aber schon, vor allem hier an der Wache.

Und was halten Sie von Frauen als Sicherheitsbeamten?

Das finde ich völlig in Ordnung und normal. Manche Politiker, wie Herr Berlusconi zum Beispiel, scheinen ja eine besondere Vorliebe für weibliche Sicherheitsbeamte zu haben. Der hat ja manchmal eine ganze Schar um sich versammelt, wenn ich das im Fernsehen richtig beobachte.

Im Alter ist die Begleitung durch Sicherheitsbeamten ja vielleicht manchmal auch ein wenig hilfreich für Sie.

Das kann man sagen. Zum Beispiel muss ich meinen Rollator beim Ein- und Aussteigen nicht selbst im Auto verstauen. Vor allem aber denke ich an die Situation, als mein Mann 2002 einen Herzinfarkt hatte, während wir am Brahmsee waren. Nachdem ich erkannt hatte, dass es ernst um ihn stand, haben die flinken Sicherheitsbeamten schnell alles für den Transport in das Kieler Universitätskrankenhaus organisiert. Sonst hätte es um meinen Mann vielleicht noch schlechter bestellt sein können. Da war ich schon sehr dankbar für die Anwesenheit der Sicherheitsbeamten.

Wechseln die Beamten häufiger, oder bleiben sie für längere Zeit?

In der Regel wird mein Mann immer von denselben Sicherheitsbeamten begleitet. Das ist auch richtig, denn dann kann man sich besser aneinander gewöhnen. Ich glaube auch, die meisten von ihnen haben recht gern für uns gearbeitet.

In der langen Zeit dürfte das eine ziemlich große Anzahl von Beamten geworden sein. Hat es jemals illoyales Verhalten gegeben, zum Beispiel durch Weitergabe von Vertraulichem an die Presse?

Nein. Wir haben uns immer auf die Sicherheitsbeamten verlassen können, sie waren immer sehr loyal. Vor einiger Zeit haben wir übrigens alle ehemaligen und aktuellen Mitarbeiter, Sicherheitsbeamten und Sekretärinnen meines Mannes hier nach Hamburg zu einer Alsterfahrt eingeladen. Die meisten sind ja selbst längst im Ruhestand. Da sind wir am Jungfernstieg eingestiegen und bis zur Schleuse in Ohlsdorf die Alster hinaufgeschippert, haben erzählt, gegessen und die Stadt vom Wasser aus beschaut. Das war ein schöner Tag, ich glaube, für uns alle.

»Bilder haben mich ganz selbstverständlich durch mein Leben begleitet«

Kunst und Malerei

Frau Schmidt, wenn ich mich hier in Ihrem Wohn- und Esszimmer umschaue, sehe ich sicher annähernd hundert originale Gemälde und kleinere Skulpturen. Was bedeutet Ihnen das Leben mit der Kunst?

Ja, da muss ich natürlich erst mal ganz weit zurückgehen. Malerei hat in meinem Elternhaus eine bedeutende Rolle gespielt. Mein Vater hat ja viel gemalt. Es gab bei uns eine Truhe, die voll war mit Bildern von meinem Vater, und oben in unserem Haus habe ich noch zwei von meiner Großmutter im Krieg gerettete Bilder meines Vaters. Das eine ist eines seiner ersten Ölbilder: ein Stück Heidelandschaft mit einer zarten Birke im Vordergrund, und dahinter sind Kiefern zu sehen. Und dann hieß es immer: »Und da rechts, gleich neben dem Rahmen, da lag eine Wolldecke, und darauf hast du gelegen.« Mein Vater hat dieses Bild also gemalt, als ich ein Säugling war.

Das heißt aber auch, Ihr Vater hat vor Ort gemalt?

Mein Vater hat viel nach der Natur gezeichnet. Ja, er hat da gesessen in der Heide und dieses Bild gemalt, und dann hat er es meiner Großmutter geschenkt. Nur dadurch ist es gerettet worden, während die vielen, vielen Bilder von ihm, die in der Wohnung in der Truhe lagen oder an den Wänden hingen, im Feuersturm 1943 verbrannt sind.

Also gehört Malen zu Ihren Kindheitserinnerungen.

Ja, das kann man so sagen. Meine Schwester, die später nach Kanada ausgewandert ist, war sogar einige Semester an der Kunsthochschule.

Und Sie selbst? Wann haben Sie angefangen zu malen?

Als Kind. Wir alle haben als Kinder angefangen zu malen. Meine Eltern – obwohl es finanziell bei uns wirklich dürftig zuging, das wird ja heute vergessen, dass auch ein gelernter Handwerker seine Familie mit mehreren Kindern damals nur durchkriegte, wenn die Frau sehr sparsam war und noch ein bisschen mit dazuverdiente – haben sehr darauf geachtet, dass wir alle malen konnten.

Gab es in Ihrem Elternhaus auch gekaufte Gemälde?

Auf die Idee, ein Bild zu kaufen, wären meine Eltern nie gekommen. Das machte man selbst. Was mein

Vater, als er noch arbeitete, tat: Er brachte meiner Mutter eine Tafel Schokolade mit, und zwar *Feodora Edelbitter.*

Als Schokoladenesser sage ich: Wunderbar!

Und ich weiß genau, dass er nur diese Sorte mitbrachte. Eine Tafel, immer nur freitags, wenn es Geld gab. Und für uns Kinder brachte er häufiger eine Kunstpostkarte mit. Nicht aus einer bestimmten Periode, sondern quer durch die Kunstgeschichte. Es waren also gute Bilder aus sehr verschiedenen Phasen, und jedes Mal bekamen wir von meinem Vater eine kleine Erklärung dazu. Dazu muss ich aber auch sagen, dass meine Eltern der Meinung waren, ein Mensch sei nur gebildet, wenn er sich mit Musik und Malerei beschäftigt.

Sowohl in der Grundschule als auch später in der Lichtwarkschule spielten Musik und Kunst eine große Rolle.

Die ersten vier Jahre in der Schule Burgstraße spielte das für mich noch keine so große Rolle. Natürlich haben wir gesungen. Auch war ich im Schulorchester und durfte irgendwo mit meiner Geige rumschrammeln. Aber Theaterspielen war an meiner Grundschule wichtig. Und als mein Vater arbeitslos war, hat er mit anderen arbeitslosen Vätern in die große Turnhalle der Schule Burgstraße eine zusammenschiebbare Bühne gebaut. Die konnte man mehrere Male ausziehen, dann war es eine große Bühne, und die wurde eifrigst genutzt.

Auch die Lichtwarkschule, an der Sie und Ihr Mann später das Abitur machten, war ja für ihre besondere Betonung von Kunst und Musik bekannt.

Ja, das stimmt. Aber vor allem haben uns Lehrer wie unser Kunsterzieher John Börnsen auch als Personen begeistert. Das hat sich dann auf die Fächer übertragen. Da wurde übrigens nicht nur gemalt, da wurden Plastiken aus Holz gemacht, mit Metall gearbeitet und zum Beispiel auch Teppiche mit Kunstmotiven geknüpft.

Man kann also festhalten: Der Plan Ihrer Eltern, die Kinder für Kunst und Musik zu begeistern, ist aufgegangen.

Ja, und die Schule, die Lichtwarkschule, hat dies – wie soll ich mal sagen – liebevoll unterstützt. Sie hat auch gefördert, dass sich zum Beispiel die eigenständige Jahresarbeit, die wir in der Lichtwarkschule komischerweise von Anbeginn an Semesterarbeit nannten, mit Kunst- und Musikthemen beschäftigte.

Frau Schmidt, die meisten der Gemälde hier bei Ihnen zu Hause gehören zur klassischen Moderne. Besonders stark sind auch norddeutsche Künstler vertreten: Nolde, Illies, Barlach und vor allem die Worpsweder: Heinrich Vogeler, Otto Modersohn, Paula Modersohn-

Becker und Otto Modersohns Sohn aus dritter Ehe, Christian Modersohn.

Aus früher Begeisterung für Worpswede, das ich als Ort nicht kannte, habe ich mit meinem Vater 1934 eine Fahrradtour dorthin unternommen, in den Pfingstferien oder so, er war schon arbeitslos. Wir beide sind also allein losgestrampelt, und natürlich habe ich den Barkenhof, den Heinrich Vogeler viele Male gemalt hat, gesehen, aber ich hatte keine hehren Gefühle – da waren damals schon zu viele Touristen. Ich hab zu meinem Vater gesagt: »Lass uns hier bloß weg!« – »Ja«, sagte mein Vater auch, »das ist ja furchtbar, diese vielen Menschen.« Und dann sind wir an die Wümme gefahren, wo noch kein Betrieb war, und das Wetter war schön, wir saßen da am Deich, und da kam zu unserer großen Freude tatsächlich ein Moorkahn mit braunen Segeln, wie auf einem Gemälde! Wir haben dem Fischer zugewinkt, der hat wieder zurückgewinkt, und unsere Welt war in Ordnung.

Das war also Ihre frühe Begegnung mit Worpswede.

Ja, und zu der Fischerhuder Abspaltung von der Künstlerkolonie Worpswede hatten wir über Helmuts Onkel sogar persönliche Kontakte, zu Christian Modersohn vor allem.

Und als Sie und Ihr Mann ins Bonner Kanzleramt zogen, haben Sie der Worpsweder Kunst auch dort eine Bühne gegeben.

Also, dazu gibt es natürlich eine Geschichte. Wir wollten etwas für unsere Fischerhuder und Worpsweder Malerfreunde tun, also hat Helmut mit mehreren Museumsdirektoren gesprochen, und die haben uns Bilder ausgeliehen. In seinem Arbeitszimmer hing dann eine Landschaft von Emil Nolde, auf den Fluren Bilder der Worpsweder und Fischerhuder. Das Kanzleramt wurde daraufhin an einigen Wochenenden für Besucher freigegeben, da musste dann allerdings immer jemand in den Räumen stehen und aufpassen.

Berühmt geworden ist ja die Plastik Large Two Forms *von Henry Moore, die an die zwei Teile Deutschlands erinnern sollte und im Park des Kanzleramts aufgestellt wurde.*

Henry Moore hatten wir schon vorher kennengelernt, und Helmut hatte ihn gefragt, ob er für den Kanzlerbungalow eine Plastik machen könnte. Wir hatten eigentlich an einen anderen Ort als den Park gedacht. Das Kanzleramt war ja L-förmig, und da wollten wir sozusagen im Winkel eine Plastik aufstellen. Und dann ist Henry Moore nach Bonn gekommen und hat sich das alles angeschaut. Da waren schon die vielen Buchsbaumhecken gepflanzt worden, die irgendein Mensch für ganz nötig gehalten hatte, und zwar ziemlich hoch. Das muss ein Vermögen gekostet haben, aber die Architekten, die das Kanzleramt geplant und gebaut haben, hatten vorgesehen, dass parallel zu den Wänden geschnittene Buchsbaumhecken stehen sollten. Moore war entsetzt, als er das sah, und sagte: »Da kommt meine Plastik nicht rein.« Und dann haben wir zu dritt einen anderen Platz gesucht.

Und gefunden!

Ja, übrigens hat ein spezieller Käfer dann dafür gesorgt – den hab ich nicht dahin gesetzt, der ist freiwillig gekommen *(schmunzelt)* –, dass der Buchsbaum angenagt wurde, und am Ende sind die ganzen Hecken verschwunden.

Sodass die Plastik gut zur Geltung kommen konnte.

Ja. Es sah wirklich kleinlich aus. Man kann von dem Kanzleramt sagen, was man will. Es ist ein sehr steriler Zweckbau. Aber durch kleine Buchsbaumheckchen, die davor ein Muster bildeten, wurde es nicht schöner, sondern …

… kleinkarierter.

Genau das ist das richtige Wort. Wir waren also froh, dass die wegmussten, und haben sofort gesagt, da wird nichts Neues hingepflanzt.

In der Sammlung des Fotografen Jupp Darchinger gibt es ein Foto von Helmut Schmidt an der Staffelei. Hat Ihr Mann regelmäßig gemalt?

Nein, nur gelegentlich, dafür war zu wenig Zeit. Aber Kurt Körber fand eines seiner Bilder so schön, dass wir es ihm geschenkt haben. Als Minister und vor allem später als Kanzler hatte mein Mann ja mindestens einen Vierzehn-Stunden-Tag.

Bekannt geworden sind Sie selbst als Malerin durch Ihre Tellermalerei für die Porzellanmanufaktur Rosenthal.

Als ich meine Naturschutzstiftung gegründet hatte, habe ich irgendwann zu Philip Rosenthal, der ja für die SPD im Bundestag saß, gesagt: »Du kannst auch mal was tun. Produziere doch mal ein paar Teller mit Pflanzen.« Und vielleicht eine Woche später bekam ich einen Teller mit einem Frauenschuh – das ist ja nun wirklich eine dekorative Orchidee, die wir in Deutschland haben –, aber von einem Porzellanmaler gemalt: hier noch ein Schnörkelchen und da ein Kringelchen. Und da habe ich gesagt: »Nee, Philip, so nicht.«

Und dann hat er Sie aufgefordert, selbst den Pinsel in die Hand zu nehmen.

Ja. Zunächst habe ich Pflanzen für drei Teller gemalt, und die wurden auch gleich produziert. Die sind weggegangen, wie ich weiß nicht was. Allerdings habe ich auch ein bisschen Reklame gemacht. Ich bin in Porzellangeschäfte gegangen, habe über Naturschutz gesprochen und anschließend mit wasserfester Tinte die Teller signiert.

Wie viele Teller haben Sie bemalt?

Insgesamt zwölf, und in die Stiftung Naturschutz sind dabei eine Dreiviertelmillion D-Mark geflossen.

Über das Internet kann man noch heute Teller aus Ihrer Produktion kaufen.

Ach, ich dachte, die seien alle vergriffen. Von diesen Tellern kann ich noch erzählen, dass wir damit die Stiftung aufgebaut haben und dann, hinterher, die Stiftung eigentlich erst groß geworden ist. Das war für Philip Rosenthal gut und für die Stiftung gut und beides zusammen für den Naturschutz ein Erfolg. Und außerdem hatte ich mit den Tellern immer persönliche Gastgeschenke. Das war ja auch wichtig.

Frau Schmidt, malen Sie heute noch?

Ja, gelegentlich zu Geburtstagen als Geburtstagsgruß, vor allem aber male ich jedes Jahr noch die Blume des Jahres. Wir stellen ja in der Stiftung immer im Oktober die Blume für das nächste Jahr vor, und da ist jeweils eine Zeichnung von mir dabei. Bis heute, 2010, sind es genau einunddreißig!

Ich möchte noch einmal auf Ihre Bilder hier im Langenhorner Haus zurückkommen. Eines davon ist eine Art Vorarbeit zum offiziellen Kanzlerporträt Ihres Mannes von Bernhard Heisig.

Helmut Schmidt; Porträt von Bernhard Heisig

Dazu gibt es natürlich auch eine Geschichte. Helmut sagte mir: »Ich muss mich malen lassen für die Kanzlergalerie. Was hältst du davon, wenn wir uns einen Maler aus der DDR aussuchen? Das fände ich gut.« So ein Porträt wie das von Willy Brandt, »Der Kanzler als Schönling«, kam nicht in Frage für uns. Und dann haben wir Bernhard Heisig mal eingeladen. Er ist auch gekommen, zum Malen sind wir aber in sein Atelier in Leipzig gebracht worden. Da war übrigens immer ein Aufpasser von der Stasi anwesend. Na ja, natürlich war auch jemand von Helmuts Beamten dabei. Hoffentlich haben die sich gut miteinander amüsiert. Und Heisig hat dann einen Entwurf gemacht, bevor er das große offizielle Bild malte. Und dieser Entwurf hängt hier um die Ecke, an unserer großen Gemäldewand. Er wirkt auf mich noch lebendiger als das spätere offizielle Bild. Und dann haben wir natürlich auch Heisigs Frau kennengelernt, die für uns ein Blumenbild gemalt hat. Das hängt über unserem Kamin.

Gefällt Ihnen das Porträt?

Ja, es ist – ein Mittelding zwischen Expressionismus und Impressionismus. Also, ein Expressionist, der ganz stur seine Linie weiterführt, hätte sicher mehr Zacken und noch mehr Kanten gemacht. Nein, ich finde, das ist für den Zweck richtig, denn in der Reihe aller Kanzler muss man ja ein Bild haben, auf dem man meinen Mann als Person auch noch erkennen kann.

Mein nachhaltiger Eindruck aus diesem Gespräch, Frau Schmidt, ist: Ein Leben ohne Kunst wäre für Sie undenkbar.

Schon in meinem frühen Leben war ich von Bildern umgeben, und zwar von selbstgemalten. Gleich nach dem Krieg, als wir ausgebombt waren und in einem Zimmer wohnten, hatten wir keine Bilder. Aber was wir hatten, waren sehr bald anständige Drucke. Und sobald wir es uns finanziell erlauben konnten, haben wir uns Bilder von Malern gekauft, die wir schätzten. Ich will also sagen: Bilder haben mich ganz selbstverständlich durch mein ganzes Leben begleitet. Man sieht sie jeden Tag, und irgendwie sprechen sie einen immer wieder neu an. Und sie erzeugen jede Woche eine neue Emotion. Bilder sind also eine sehr lebendige Umgebung.

»Wir haben zeitlebens für Bach geschwärmt«

Von Orchestern, Hausmusik und berühmten Dirigenten

Frau Schmidt, in Ihrem Wohnzimmer steht ein wunderschöner Flügel. Wer spielt darauf?

Nur mein Mann. Manchmal, wenn unsere Tochter kommt, spielt auch sie. Ich kann nicht Klavier spielen.

Und Ihr Mann spielt noch häufiger?

Da er nicht mehr richtig hören kann, spielt er selten nach Noten, sondern phantasiert vor sich hin, und manchmal fragt er dann auch: »Wie hat das geklungen?« Ich kann ihm immer nur versichern, dass es gut geklungen hat. Er selbst kann das nicht hören; seine Finger wissen ungefähr, welche Tasten sie drücken müssen, um die und die Akkorde zu produzieren. Aber es kommt nicht mehr sehr häufig vor, dass er spielt.

Wann hat Ihr Mann gelernt, Klavier zu spielen?

Wohl mit zehn oder elf. In seinem Elternhaus gab es damals schon ein Klavier.

Und wann haben Sie angefangen, ein Instrument zu spielen?

Mit fünf – und ich muss wohl ein ganz begabtes Kind gewesen sein. Der Geigenlehrer hat jedenfalls sehr schnell begriffen, dass ich keine Mühe hatte, Noten zu lesen. Ich konnte also Noten lesen, bevor ich ein Buch lesen konnte.

Tatsächlich!

Ja. Und dann passierte es natürlich häufiger, dass der Geigenlehrer Gäste einlud, und ich wurde vorgeführt. Doch dann habe ich mir selbst einmal gesagt: Wenn du immerzu gelobt wirst, dann denkst du, du brauchst nicht mehr richtig zu üben. Ich habe mich also selbst zur Ordnung gerufen. Das erinnere ich noch so deutlich, weil ich darüber meistens abends nachgedacht habe, so vor dem Einschlafen.

In der Lichtwarkschule, die Sie als höhere Schule besucht haben, wurden Sie recht schnell ins Orchester aufgenommen.

In der Lichtwarkschule hatten wir zwei Orchester – eins für die Kleinen und dann das große Orchester. Und ich bin in der Sexta mit meiner Geige in das kleine gekommen, und nach einem halben Jahr hat der Musiklehrer zu mir gesagt: »Du musst ab heute Bratsche spielen. Ich hab dir eine Bratsche mitgebracht. Du brauchst nur die Finger ein bisschen weiter auseinanderzumachen, die Bratsche ist ein bisschen größer. Und außerdem ist es ein anderer Schlüssel, aber das schaffst du schon.« Und dann hat er mir den Bratschenschlüssel gezeigt, der sieht beinahe wie ein B aus. Und ich weiß noch wie heute, dass wir als Erstes die Bauernkantate von Bach gespielt haben; da ist die Bratschenstimme allerdings einfach, sie ist quasi Begleitung im Hintergrund.

Und das klappte dann gleich?

Ja. Und in der Quinta bin ich schon in das große Orchester gekommen. Die hatten nur einen einzigen Bratschenspieler, also waren wir dann zu zweit, später kam noch ein dritter junger Mann dazu. Ersterer hat mich sofort »Bracia« genannt

Wie?

Bracia. »Hallo, Bracia!« War doch ein schöner Name!

Ich kenne ein Foto, auf dem Sie als vielleicht Zwölfjährige und Ihr Vater in dem Orchester Ihrer ehemaligen Grundschule, der Schule Burgstraße, spielen.

Ja, und meine Schwester hat da auch mitgespielt. Dieses Orchester war ein Sammelbecken von älteren Schülern, Lehrern der Schule, ehemaligen Schülern und Freunden der Schule. Ganz etwas Besonderes!

Aber begonnen hat Ihre musikalische Erziehung im Elternhaus.

Meine Eltern waren der Meinung, dass nicht nur das Malen und Singen, sondern auch das Spielen eines Instrumentes zur Erziehung eines Menschen gehört. Darin waren sie sich einig.

Hat das Musizieren später für Sie als Lehrerin eine Rolle gespielt?

Insofern, als jeder Schultag mit einem Lied anfing. Dazu musste man allerdings erst einmal einen bestimmten Fundus an Liedern aufbauen.

Musikpädagogen behaupten, wenn Schüler in einem Orchester zusammenspielten, fiele es ihnen auch außerhalb des Musikunterrichts leichter, sich gegenseitig zuzuhören und respektvoll miteinander umzugehen.

Das glaube ich auf jeden Fall. Also, den Unterricht morgens mit einem Lied zu beginnen schafft eine Atmosphäre, die besonders geeignet ist, später gemeinsam etwas zu erarbeiten oder zu gestalten.

Frau Schmidt, gab es im Kanzleramt auch ein Klavier?

Da gab es einen großen Flügel – der gehörte zur Ausstattung des Hauses. Er musste aber erst mal ganz sorgfältig gestimmt werden. Darauf hat Helmut manchmal spätabends zur Entspannung gespielt. Aber viel Zeit hatte er natürlich nicht dazu. Und bei den von uns veranstalteten Hauskonzerten wurde der Flügel natürlich auch genutzt. Dazu wurden dann auch immer Diplomaten eingeladen – man muss ja das Gute mit dem Nützlichen verbinden.

In die beiden letzten Jahre von Helmut Schmidts Kanzlerschaft fallen ja auch seine Schallplattenaufnahmen zusammen mit Christoph Eschenbach, Justus Frantz und Gerhard Oppitz.

Begonnen hat das mit dem Mozart-Konzert für drei Klaviere. Das ist ein Konzert, das Mozart für die Gräfin Lodron und ihre beiden Töchter komponiert hat, die eine davon noch nicht so versiert im Klavierspielen.

Die nächste Aufnahme war dann das Bach-Konzert für vier Klaviere.

Eigentlich müssen das wirklich vier Solisten sein, denn jeder hat mal eine Passage, wo er das beherrschende Instrument ist.

Dafür muss Ihr Mann doch vorher viel geübt haben?

Nur mäßig hat er geübt, für langwieriges Üben hatte er doch gar nicht die Zeit!

Da waren Sie sicher stolz auf Ihren Mann, oder?

Nein, wissen Sie, das habe ich ihm zugetraut. Aber es war schon eine beachtliche Leistung. Natürlich haben ihm die anderen drei Pianisten den leichtesten Part gegeben. Aber er musste sich sehr konzentrieren, musste genau zum richtigen Zeitpunkt einsetzen und durfte natürlich keinen Fehler machen!

Bis wann haben Sie selbst musiziert?

Meine Bratsche, die ich mir dann irgendwann von meinem ersten oder zweiten Gehalt gekauft habe, ist 1943 im Feuersturm verbrannt. Dann habe ich angefangen, bei einer Musiklehrerin auf einer Alt-Blockflöte spielen zu lernen. Mit dem Bratschespielen war es dann aber zu Ende.

Wurde bei Glasers zu Hause auch Hausmusik gemacht?

Oh ja! Mein Vater hat Cello gespielt, meine Schwester Geige – es kam darauf an, was wir gespielt haben, ich habe entweder Geige oder Bratsche gespielt und mein Bruder Querflöte. Das heißt, wir mussten entweder Partituren suchen, in denen diese Instrumente vorkamen, oder wir haben Partituren genommen, bei denen mein Bruder die zweite Stimme, die eigentlich ein Streicher spielen sollte, mit der Flöte spielte. Hat sich trotzdem ganz gut angehört.

Und haben Sie auch mit Ihrem Mann zusammen Hausmusik gemacht?

Ja, aber nicht sehr häufig. Erstens waren wir beide ziemlich fleißig in unserem Beruf, und zweitens … Also ganz entspannt musiziert, wie ich das eigentlich von zu Hause her kenne, haben wir nie. Das war bei uns immer »Wir haben jetzt eine Stunde Zeit, und dann kommt wieder das und das …«. Das ist nicht gut für Hausmusik.

Frau Schmidt, Sie hatten Kontakt mit den führenden Dirigenten des 20. Jahrhunderts: Karajan, Menuhin, Bernstein …

Karajan hat uns einige Male in sein Privathaus eingeladen. Wir waren manchmal mehrere Tage da und haben die Salzburger Festspiele besucht. Abends waren immer Konzerte, und der Herr und Meister ging immer ein wenig früher los, denn die mussten sich ja auch ein bisschen einspielen. Wir fuhren hinterher, hatten immer gute Plätze, und dann hat es sich so ergeben, dass auf dem Nachhauseweg Frau Karajan mit Helmut in einem Auto saß und Karajan mit mir. Und kaum saßen wir im Auto, hieß es: »Frau Schmidt, wie war's?« Und da es nicht immer Komponisten waren, die mir besonders lagen – moderne

Komponisten wurden dort ja auch gespielt –, ist meine Reaktion sehr unterschiedlich gewesen. Doch ihm war offenbar daran gelegen, die Meinung einer musikalisch interessierten, aber nicht ausgebildeten Kritikerin zu hören. Also, diese Zeit war anregend, das kann man sich ja vorstellen.

Karajan galt ja als arrogant.

Ja, galt er, aber das ist nicht ganz richtig. Ich fand, dass er sich eher abgeschirmt hat vor allzu vielen Einflüssen und Belanglosigkeiten.

Und er war ja ein Frauenschwarm. Hat er Ihnen als Mann gefallen?

Als Mensch war er anregend, aber – nein, mein Typ als Mann war er nicht. Wenn man ihn nicht persönlich kannte und ihn nur in Verbindung mit seiner Musik sah, weiß ich nicht, ob man den Mann noch von der Musik trennen konnte. Ich glaube, das ist dann eine Einheit, für die man schwärmt.

Kommen wir zu Yehudi Menuhin und Leonard Bernstein.

Auch die kannten wir beide persönlich sehr gut. Yehudi Menuhin übrigens nicht nur als fabelhaften Musiker und Dirigenten, sondern auch als ganz liebevollen und anrührenden Menschen.

Also ganz anders als Karajan.

Völlig – also, zwei vollkommen unterschiedliche Typen!

Woher kannten Sie die beiden?

Na ja, das hängt mit Justus Frantz zusammen, der sowohl Menuhin als auch Bernstein zum Schleswig-Holstein Musik Festival eingeladen hatte; und sowohl Menuhin als auch Bernstein haben sicher mit einem gewissen Vergnügen mit jungen Musikern geprobt und gespielt. Nach all dem, was man hinterher von ihnen dazu hörte, glaube ich nicht, dass es nur Pflicht war.

Waren die mal bei Ihnen am Brahmsee?

Ja, beide, aber nicht zusammen. Das Musikfestival findet im Sommer statt, und da bot es sich an. Und Kurt Masur sollten wir nicht vergessen, den haben wir schon vor der Wende in Leipzig besucht. Das neue Gewandhaus war gerade eröffnet, da haben wir dort ein Konzert besucht.

Wie kam die Verbindung zu Kurt Masur zustande?

Es kann sein, dass Gustav Schmahl vermittelt hat. Er war Erster Geiger im Leipziger Gewandhausorchester und durfte zu DDR-Zeiten als Solist im Ausland spielen. Helmut hatte ihn mal in London getroffen und gesagt: »Also, wenn Sie mal nach Hamburg kommen – wir würden uns freuen!« Und Gustav Schmahl war dann tatsächlich einmal draußen bei uns am Brahmsee. Er hatte in Hamburg gespielt und durfte eigentlich die Stadt nicht verlassen, doch Helmuts Fahrer hat ihn dann heimlich zum Brahmsee gefahren.

Wieso durfte er Hamburg nicht verlassen?

Das waren die Vorgaben der DDR-Behörden. Er brachte seine Geige zum Brahmsee mit, und als er hörte, dass ich früher mal Bratsche und Geige gespielt hatte, packte er sie aus – eine sehr kostbare! – und fragte: »Wollen Sie nicht mal versuchen?« Das war nun das erste Mal seit Jahren, dass ich ein Instrument in der Hand hatte; und da habe ich erst mal nur die leeren Saiten angestrichen, aber getraut habe ich mich dann doch nicht. Herr Schmahl sagte: »Also, ich habe Ihre Haltung beobachtet, die ist erstklassig – wollen Sie nicht doch irgendwann mal wieder versuchen?« Schließlich hat er sein Instrument wieder eingepackt, und ich hab mich nie wieder getraut zu spielen.

Und dieser Herr Schmahl war Ihre Verbindung zu Kurt Masur.

Ja, so erinnere ich das. Und nach der Wende hat Kurt Masur ja zum Beispiel eng mit Helmut in der Deutschen Nationalstiftung zusammengearbeitet.

In einem Interview mit der Welt *hat Kurt Masur 2002 behauptet, dass ein musischer Mensch auch ein »hu-*

manistischerer Politiker« sei. Und als Beispiel hat er den – so wörtlich – »Pianisten und Kanzler Helmut Schmidt« genannt.

Das ist sehr freundlich, ich würde nur umstellen und ein wenig verändern in »Kanzler und Klavierspieler«.

Leider können Sie ja – wegen der Schwerhörigkeit Ihres Mannes – heute keine Konzerte mehr besuchen. Aber wenn es möglich wäre, was würden Sie sich für Sie beide wünschen?

Also, wenn ich frei wählen dürfte, dann sicher ein Kammerkonzert aus dem Barock. Entweder von dem dänischen Organisten und Komponisten Dietrich Buxtehude oder Suiten von Bach. Wissen Sie, wir haben zeitlebens für Bach geschwärmt.

»Mit den Kindern wird es nie langweilig«

Schule und Lehrerberuf

Die Schule und der Lehrerberuf sind zurzeit wieder öffentlich diskutierte Themen; das war nicht immer so.

Das stimmt. Es gab eine lange Zeit – ich erinnere die neunziger Jahre –, in der das nicht so war. Ob diese oft aufgeregte Diskussion der Schule nützt, ist für mich eine offene Frage. Wenn Eltern über ihre Schule reden, ist das sicher gut, aber wenn die Politik das aufgeregt tut, dann weiß ich das nicht.

Wissen Sie nicht, oder meinen Sie, eher nein?

Na ja, ich bin ja nun lange aus der Schule raus, und mein letzter Schulbesuch ist wohl fünf bis sechs Jahre her. Aber grundsätzlich glaube ich, dass Schule Zeit und Ruhe braucht, um gut zu arbeiten. Hier eine Reform, da eine Veränderung und dann wieder zurück – nein, das machen Lehrer auch gar nicht mit, wenn sie schlau sind. Ich zumindest habe mich auf meinen Unterricht konzentriert und ihn so gut gemacht, wie ich konnte und wie ich es wollte.

Und hat es da nie Eingriffe »von oben« gegeben?

Kann ich mich nicht erinnern, aber zum Glück kann mein Unterricht so schlecht nicht gewesen sein, denn meine Ehemaligen haben mich ja immer zu ihren Klassentreffen eingeladen.

Und die Eltern? Wie klappte das mit denen?

Ich glaube, auch recht gut. Allerdings habe ich mich um die Eltern auch richtig bemüht. Die Eltern sind nämlich ganz wichtig für die Schule, und deshalb bin ich auch zu allen nach Hause gegangen und habe sie besucht, ohne dass mit den Kindern in der Schule etwas schiefgegangen war. Das fanden die toll. Und man konnte dann zwanglos auch mal über den Unterricht und die Kinder schnacken, wie wir in Hamburg sagen.

Das würde sicher auch der Elternarbeit heute guttun.

Das glaube ich auch, und wenn es Eltern gibt, die des Deutschen nicht mächtig sind, dann muss man als Lehrer jemanden mitnehmen, der übersetzt. Denn das ist meine Erfahrung: Wenn Eltern sich nicht für die Schule interessieren, dann wird es mit dem Kind in der Schule auch meist schwierig.

Ich bleibe noch mal bei der Schule von heute, denn ich finde schon, dass zum Beispiel die Pisa-Ergebnisse für uns besorgniserregend sind. Zum Beispiel die vielen fünfzehnjährigen Schüler, die nicht richtig lesen können – in Hamburg fast dreißig Prozent. Und dann die vielen Kinder, die wegen ihrer ärmeren Elternhäuser schlechtere Chancen haben.

Da ist natürlich etwas faul. Und als ich das gelesen habe, habe ich mich auch geärgert und gedacht, solche Tests sind ja vielleicht doch gar nicht so schlecht. Sie wissen ja, bei Tests bin ich sonst ja eher skeptisch. Vom Testen allein wird es ja nicht besser.

Aber Veränderungen sind doch auch nötig.

Ja, das sollte dann aber jede Schule für sich entscheiden. Eine Schule in Hamburg-Hamm zum Beispiel hat sicher nicht die gleichen Probleme wie eine Schule in Blankenese.

Und welchen Vorschlag hätten Sie?

Na ja, Herr Lehberger, eigentlich müssten Sie das ja besser beantworten können, aber aus meinen eigenen Erfahrungen würde ich sagen, wenn Fünfzehnjährige immer noch nicht richtig lesen können, ist entweder der Unterricht schlecht, oder diese Schüler brauchen zusätzliche Zeit, um ihre Fertigkeiten entwickeln zu können.

Besondere Förderung von schwächeren Schülern im Unterricht und mehr Ganztagsschulen wäre also ein Programm.

Und wissen Sie, ich glaube auch, dass diese starke Fächerbetonung in unseren weiterführenden Schulen dazu führt, dass, sagen wir mal, der Erdkunde- oder Geschichtslehrer gar nicht so sehr auf das Lesevermögen seiner Schüler achtet. Dabei kann und muss man doch in jedem Unterricht auch das Lesen und Sprechen üben.

Das sehe ich genauso. Wir sagen heute deshalb: Sprachunterricht ist die Basis jeden Unterrichts. Und das gilt natürlich insbesondere in Schulen mit einem hohen Schüleranteil mit Migrationshintergrund. Und, Frau Schmidt, was halten Sie von der Ganztagsschule?

Auch das könnte ein Beitrag zur Lösung sein, obwohl ich durchaus skeptisch bin, Schule für alle Schüler als Pflichtveranstaltung von morgens um acht bis nachmittags siebzehn Uhr zu machen. Aber wenn, dann sollten an den Nachmittagen auch Musik, Theater, Kunst und Sport einen Platz haben; denn das sind für die Kinder genauso wichtige Angebote wie Deutsch, Mathematik und Englisch. An meinem neunzigsten Geburtstag war ich zum Festakt in einer Schule mit einem Musikschwerpunkt eingeladen. Da haben schon die Grundschüler der zweiten und dritten Klasse ein kleines Konzert gegeben. Und deren Begeisterung und Freude zu sehen, das war ganz großartig.

Und es war schön zu sehen, wie positiv und zugewandt die Schüler auf Sie und Ihren Mann reagiert haben.

Ja, das war rührend. Aber die Kinder waren offenbar auch gut vorbereitet worden. Das hatte die Schule sehr gut gemacht.

Das bringt mich in unserem Gespräch jetzt auf den Lehrerberuf, Frau Schmidt …

Sie meinen, wegen meiner Freude in dieser Schule …

Ja, denn der Lehrerberuf wird heute doch eher als sehr belastend, anstrengend und von der Öffentlichkeit wenig angesehen dargestellt.

Also, anstrengend war der Beruf zu meiner Zeit auch schon, denn schließlich haben wir unter sehr schweren Bedingungen gearbeitet: nach dem Krieg ganz primitive Verhältnisse mit Kälte und Hunger, dann lange Jahre Schichtunterricht, am Vor- und Nachmittag wechselnd, und immer – in meiner ganzen Dienstzeit – große Klassen. Und nach dem Krieg waren wir Lehrer weiß Gott auch schon als »Sozialarbeiter« gefragt. Das gilt nicht erst für heute.

Aber die positiven Seiten des Berufs überwiegen doch in Ihren Erfahrungen und Erinnerungen?

Ganz klar. Das viele Positive, das man von den Schülern bekommt; zu sehen, wie sie sich entwickeln und dazulernen, das ist ganz herrlich. Und was ich schon sagte, die große Freiheit, die man ja bei der Arbeit auch hat, das heißt, wie man den Unterricht gestaltet und welche Themen man mit den Schülern wählt.

Klassenausflug zur Elbe; fünfziger Jahre

Und anders als im Büro, das kann ich versprechen, wird es mit den Kindern nie langweilig!

Das alles gilt ja auch heute noch. So gesehen ist Ihre Beschreibung eine gute Werbung für den Beruf. Was sollte denn jemand mitbringen, der Lehrer werden will?

Na ja, auf jeden Fall muss er den Umgang mit Kindern mögen und Interesse an Kindern haben, das ist wohl der Schlüssel zum Erfolg. Und – das können Sie Ihren Studenten ruhig sagen – wenn man auf die Kinder eingestellt ist, dann bekommt man auch etwas zurück.

Kann man dieses Interesse an Kindern auch lernen?

Ich glaube eher nicht, das ist eine Einstellung. Aber man kann das ja ausprobieren. Deshalb habe ich immer sehr für mehr Praxisbezug im Studium geworben und höre, dass die Unis das inzwischen auch tun.

Und ich sehe mit Freude, dass die Studenten das auch sehr wertschätzen.

Man muss aber dann auch als Betreuer bereit sein, zu dem einen oder anderen Studenten zu sagen: »Der Lehrerberuf ist wohl nicht das Richtige für Sie. Für andere Berufe haben Sie sicher größere Talente.« Wissen Sie, bei Menschen mit einer falschen Berufswahl ist das ja nicht nur für sie selbst, sondern auch für die beteiligten Schüler meist ein Drama.

Das ist richtig, solche Lehrer wollen wir sicher nicht. Eher Lehrer, die Ihrem Leitbild entsprechen.

Ich bin eitel genug, Herr Lehberger, um das gern zu hören.

»Da muss es jeder so machen, wie sein Herz höherschlägt«

Garten und Gärtnern

Frau Schmidt, was ist eigentlich ein Garten?

Nüchtern ausgedrückt: ein begrenztes, kultiviertes Stück Land mit nützlichen oder schönen Pflanzen. Gefühlsmäßig ausgedrückt: ein Paradies.

In Ihrem Langenhorner Garten sehe ich vor allem Blumen und Zierpflanzen, und wenn ich jetzt, im Mai, aus dem Fenster gucke, eine blühende Kamelie.

Eine?

Mehrere … Das ist selten.

Das ist sehr selten, und das ist natürlich eine lange Geschichte mit meinen Kamelien. Jeder, der Blumen liebt, bekommt irgendwann mal einen Topf mit einer Kamelie geschenkt.

Das ist das Normale.

Und so hat es bei mir natürlich auch angefangen. Drei kleine Topfkamelien hatte ich, die ich im Gewächshaus liebevoll gepflegt habe. Dann bekamen

»Duftproben« im Garten des Kanzleramts; siebziger Jahre

sie auch Knospen, doch als ich sie in die Wohnung holte, fielen die Knospen trotz aller Pflege ab. Und da habe ich mir gesagt: Du pflanzt sie alle nach draußen. Das hab ich ihnen erzählt, es getan, und das Ergebnis sieht man nun.

Und wie alt sind die jetzt?

Fünfzehn bis zwanzig Jahre wohl. Ich habe immer mal wieder einen Fachmann mit Namen Peter Fischer in der Wingst besucht. Der hatte seine Kamelien in einem riesengroßen Gewächshaus. Von ihm habe ich eine zartrosa Kamelie erhalten, die sich bei mir draußen auch prächtig gemacht hat.

Und die, die hier an Ihrer Hauswand steht?

Die habe ich in den achtziger Jahren aus Japan mitgebracht, und zwar von dem Gründer der Firma Shiseido, die Cremes herstellt. Er hatte eine Kamelienhecke, so wie wir eine Ligusterhecke schneiden, und von ihm habe ich ein paar Samen von einer wilden Kamelie mitbekommen. Die habe ich drei Jahre lang in meinem Gewächshaus großgezogen und dann ganz dicht hier ans Fenster gesetzt, damit ich sie beobachten konnte.

Wie sie sich zu einem wunderschönen Busch entwickelte.

Ja, so wachsen wilde Kamelien in der Natur. Und alle sind in meinem Garten was geworden, das hat übrigens viele Gartenexperten und auch wildfremde Menschen interessiert.

Und was muss man beachten, damit Kamelien draußen blühen und sich entwickeln?

Sie sollten immer nach Westen stehen und wie bei mir das wärmende Haus im Rücken haben.

Frau Schmidt, Sie haben gesagt, dass Sie mit Ihrer Kamelie gesprochen haben. Hilft das wirklich?

Nein. Aber ich kenne tatsächlich Menschen, die sich mit ihren Blumenpötten häufiger mal unterhalten. Aber das sind meist ältere Frauen *(schmunzelt)*, auch mal ältere Männer, die eigentlich einsam sind und das, was an Zärtlichkeit ja wohl jeder in sich hat, auf ihre Pflanzen konzentrieren. Und natürlich sehen und beobachten sie auch schärfer, wenn da etwas nicht ganz in Ordnung ist: »Oh, eine Blattlaus!« Insofern haben Menschen – das sage ich jetzt mal frech –, die sich mit ihren Pflanzen unterhalten, sicher hübschere Blumenpötte als andere.

Gartenphilosophen sagen: »Schön und nützlich soll ein Garten sein.« Ihrer ist nur schön, oder?

Also, es gibt bestimmt viele Menschen, die meinen Garten nicht schön finden. Der ist ja vor allem unordentlich. Das Wort »schön« im Zusammenhang mit Garten, wahrscheinlich auch mit Landschaft überhaupt, ist nicht genau zu bestimmen, das ist, glaube ich, bei jedem Menschen anders.

Und nützlich?

Nützlich ist mein Garten insofern, als ich vor langer Zeit, als ich noch beweglich war, in einem Weingebiet in Baden-Württemberg zwischen den Weinpflanzen einen Lauch entdeckte, der gerade blühte und den ich nicht kannte. Da habe ich mir ein paar Pflanzen ausgegraben, sie zu Hause bestimmt und eingepflanzt. Der hat sich hier ordentlich ausgebreitet und ist etwas kräftiger als Schnittlauch. Vielleicht ein bisschen knoblauchiger, aber nur eine Spur. Von Zeit zu Zeit wird alles in meinem Garten mal runtergemäht, und dann schlägt er treu und brav wieder aus. Selbst wenn es mal viel Schnee gibt, kommen aus der Schneedecke diese einzelnen Strippen vom Lauch heraus. Ich kann also im Herbst und Winter frischen, grünen Lauch ernten, den spüle ich ab, schneide ihn in kleine Stücke und streue sie über vielerlei Gerichte. Meine Haushaltshilfe hat sich auch schon welchen mitgenommen und sagt, der schmeckt so wunderbar in Quark! Na ja, Geschmackssache …

Frau Schmidt, hatten Sie denn mal einen Nutzgarten?

Also, Gemüse und Salat zum Beispiel habe ich hier in Langenhorn nicht gepflanzt, dafür war das Grundstück auch zu klein. Und wenn man berufstätig ist, bleibt ja auch zu wenig Zeit für solch einen Garten. Wie Ihnen vielleicht nicht ganz verborgen geblieben ist, hatte ich immer einen Beruf … Und Geld für eine Haushaltshilfe, die von morgens bis abends bleibt, habe ich nicht gehabt, und ich wollte auch keine. Aber ein paar Kräuter am Rande, wie jetzt diesen Lauch, hat es immer gegeben. Früher hatte ich vor allem sehr viel mehr Thymian im Garten – auch wilden Thymian. Den hatte ich mir in Neugraben, wo meine Eltern lebten, ausgebuddelt.

Viele Arbeiterfamilien hatten ja schon vor dem Ersten Weltkrieg ein Stück Land zur Selbstversorgung. Wie war das bei Ihren Eltern?

Meine Eltern hatten erst nach dem Zweiten Weltkrieg, als sie aus der Stadt nach Neugraben gezogen waren, auf dem Nachbargrundstück einen Garten. Da gab es zum Beispiel Kartoffeln, Wurzeln und vor allem Spargel, der hervorragend gedieh in dem mageren Sandboden von Neugraben. Meine Eltern hatten sogar mehrere Spargelbeete. Dafür ist meine Mutter immer losgegangen und hat Pferdeäpfel gesammelt.

Nach dem Ersten Weltkrieg gab es in Deutschland die sogenannte Gartenstadtbewegung, kleine Häuschen mit Garten für die »kleinen Leute«. Die Siedlung Langenhorn hier in Ihrem Stadtteil gehörte auch dazu.

Aber die Langenhorner haben es nicht »Gartenstadt« genannt, sondern »Staatssiedlung Langenhorn«. Die Menschen bekamen ihr Grundstück für ganz wenig Geld – denn es waren ja vor allem einfache Arbeiter oder auch Arbeitslose – und mussten die einheitlichen Rohbauten meist selbst ausbauen. Ich glaube, es gab auch Auflagen für die Anlage der Gärten. Und natürlich wurde der Garten für die Eigenversorgung genutzt.

Hat sich diese Idee der Gartenstadt überlebt, oder funktioniert das heute noch?

Ich glaube, das lebt heute noch – oder wieder. Ich muss wohl eher sagen, wieder: Nicht dass man nicht um die Ecke gehen und Öko-Gemüse kaufen könnte. Aber die Menschen haben inzwischen bemerkt, dass es auch Gemütswerte frei und franko gibt, wenn du

Gemüse selbst anbaust und deinen eigenen Salat oder deine eigene Wurzel aus dem Boden ziehst – und dass es natürlich tausendmal besser schmeckt. Wenn man zum Beispiel eine Kartoffel frisch aus der Erde in den Kochtopf tut: Die schmeckt tatsächlich anders. Oder wenn man Gemüse frisch aus dem Garten in den Topf gibt und eine halbe Stunde später oder eine Stunde später isst: Das schmeckt … ja, ich würd' mal für mich sagen, reichhaltiger. Es ist würziger, das bilden sich die Leute, glaube ich, nicht nur ein; es schmeckt anders, würziger und gehaltvoller.

In den zwanziger Jahren waren auch die Schulgärten beliebt.

Ja, etwas zu pflanzen oder zu säen, es zu hegen und zu pflegen und dann zu ernten ist pädagogisch besonders wertvoll.

Nur scheint es schwierig, so einen Schulgarten über längere Zeit von Schulkindern betreuen zu lassen.

Ich vermute, ein, zwei Jahre ist das reizvoll, weil dieses ständige Beobachten, wenn der Schulgarten in der Nähe der Schule ist, ja etwas ganz Interessantes ist. Aber wenn es in Arbeit ausartet, wird es schwierig mit den Kindern. Dann muss man sich was Neues ausdenken. Zum Beispiel auf dem Komposthaufen mal Kürbisse pflanzen und dann damit etwas anstellen.

Frau Schmidt, beim Thema Garten denken viele Menschen an Schrebergärten. Was assoziieren Sie mit dem Begriff »Schrebergarten« – etwas Positives oder eher etwas Spießiges?

Dass dieser Name für Kleingärten von dem Leipziger Arzt Dr. Daniel Schreber kommt, wissen Sie?

Ja, ich war sogar schon einmal in Leipzig in dem wohl weltweit einzigartigen Schrebergartenmuseum.

Die Idee von Kleingärten in oder am Rand der Stadt war ja auch prima und simpel. Und ich habe Erinnerungen daran durch mehr als ein halbes Leben.

Und die wären?

Als ganz kleines Kind Neid, dass andere Leute einen Schrebergarten hatten und wir nicht. Dann die ersten geklauten Johannisbeeren aus einem fremden Schrebergarten. Und schließlich das kleine Stückchen Land, das meine Eltern von Freunden abbekommen hatten. Und als ich fast die Hälfte der Keimlinge aus dem Bohnenbeet meiner Eltern herausgezupft hatte, hat mein Vater mich zum ersten und einzigen Mal verdroschen. Als er schon uralt war und wir uns über alles Mögliche unterhielten, hat er zu mir gesagt: »Weißt du, ich muss dir das ja doch mal erzählen: Dieses ›Fell voll‹«, das war hinten auf den Po, »das ich dir damals wegen der Bohnen im Garten gegeben habe, tut mir eigentlich heute noch leid.«

Und heute?

In einer Stadt wie Hamburg gibt es ja immer noch unzählige Kleingärten. Und das nicht nur am Rande der Stadt. Der Erholungswert von Kleingärten scheint für die Städter auch heute noch hoch zu sein.

Ich habe gerade gelesen, dass es in Berlin, der Hauptstadt der »Laubenpieper«, über 76000 Kolonien gibt, die fast vier Prozent des Stadtgebiets ausmachen.

Das ist doch wirklich beeindruckend, nicht?

Was halten Sie von Gartenzwergen, die man in Schrebergärten öfter sieht?

Nicht viel – beziehungsweise ich halte von Gartenzwergen oder anderen, ähnlichen Figuren in Gärten überhaupt nichts. Aber ich habe im Laufe meines Lebens natürlich viele Menschen kennengelernt. Und wenn die mit Liebe irgendein kleines Engelchen oder einen Gartenzwerg mit einer Schubkarre säubern und ihn wieder so hinstellen, dass er richtig zwischen den Pflanzen steht, will ich dazu nichts Abwertendes sagen. Ich mag ja zum Beispiel einen Expressionisten auch lieber als einen Romantiker …

Gartenzwerge sind also Geschmackssache.

Natürlich, das ist Geschmackssache. Aber ich finde, das gehört in die Richtung »Freude und Freizeit« außerhalb des Berufes, da muss es jeder so machen, wie sein Herz höherschlägt.

In den achtziger Jahren haben Sie ein umfangreiches Buch über die botanischen Gärten in Deutschland herausgegeben. Haben Sie die alle besucht?

Ja, und weil ich die Gärten alle besucht habe, kannte ich auch die Leiter fast aller dieser Gärten und konnte deshalb mit ihnen dieses Buchprojekt durchführen.

Was ist das Besondere eines botanischen Gartens?

Botanische Gärten sind im Grunde systematisch angelegte Gärten zum Studium der Pflanzenwelt. Die ersten wurden wohl von Ärzten angelegt, mit Kräutern und Heilpflanzen. Später hat man botanische Gärten auch angelegt, um den Menschen zu zeigen, wie die Pflanzen auf anderen Kontinenten aussehen. Heute sind sie alle sehr verschieden, in Universitätsstädten aber immer noch sehr geordnet und systematisiert.

Haben Sie sich schon früh für botanische Gärten interessiert?

Im Hamburger Botanischen Garten, damals noch in den Wallanlagen in der Innenstadt, war ich schon als kleines Kind mit meinen Eltern. Als ich dann in die Lichtwarkschule kam und eine U-Bahn-Fahrkarte hatte, bin ich dann auch öfter allein dort gewesen.

Ganz davon abgesehen, dass ich während der Schulzeit auch sehr genau wusste, was wo im Stadtpark wuchs. Die Gärtner kannten mich ja auch: »Mach mal deine Tasche auf!« Und oft genug war da was Abgerupftes drin.

Frau Schmidt, die Frage nach Ihrer Lieblingsblume haben Sie schon hundertmal gehört.

Ja, und meistens antworte ich mit einer Gegenfrage: Zu welcher Jahreszeit? Die Leute schauen dann oft recht irritiert. Ich versuche dann, ihnen klarzumachen, dass im Januar ein Schneeglöckchen, womöglich noch aus dem Schnee guckend oder aus der harten Erde, mit seiner kleinen weißen Glocke das Allerschönste ist, was man sich in der Jahreszeit wünschen kann. Und dass natürlich im Spätsommer die Gladiolen und Dahlien in ihrer vollen Pracht wieder eine ganz andere Schönheit haben. Also kurz: Eine Lieblingsblume habe ich nicht.

Vielleicht kann ich Ihnen als Gartenexpertin am Ende unseres Gesprächs etwas berichten, was Sie noch nicht kennen.

Aber sicher.

Es gibt inzwischen – seit etwa zehn Jahren – sogenannte interkulturelle Gärten. Dabei finden Menschen aus unterschiedlichen Nationen beim gemeinsamen Pflanzen zu einem Miteinander.

Da … *(schmunzelt)*, da hab ich was anderes erwartet. Aber zusammen einen Garten anlegen, das ist, glaube ich, eine ideale Art, Menschen aus verschiedenen Kulturen, die hier ein wenig besser zusammenwachsen sollen, zusammenzubringen. Das halte ich für einfacher und sinnvoller, als wenn sie zusammen ein Buch lesen sollen oder etwas Ähnliches. Singen wäre noch eine andere Möglichkeit, diese vielleicht sehr unterschiedlichen Gruppen zusammenzubringen. Singen oder Gartenarbeit, wobei ich bei der Gartenarbeit sagen muss: Sie müssen auch sehen, wie das, was sie da nun gepflanzt haben, wächst, sie müssen auch den Erfolg sehen.

Der Initiator dieser Idee hat gemeint, man bekomme auf diese Weise sozusagen einen gemeinsamen Boden unter die Füße.

Da gibt die deutsche Sprache eine ganz gute Erklärung, finde ich. Gartenarbeit ist doch auf vielfältige Weise eine schöne Sache.

»Man kann nur schützen, was man kennt«

Die Naturschützerin

Frau Schmidt, zu Ihrem neunzigsten Geburtstag sind in ganz Deutschland neunzig Blumenbeete bepflanzt worden; das war doch bestimmt eine ganz große Freude für Sie?

Ja, das war, glaube ich, eine gute Sache, die meine Naturschutzstiftung da angeregt hat. So viele Menschen haben sich aktiv aufgemacht und sicher dabei nicht nur Freude gehabt, sondern durch ihr Tun auch etwas gelernt.

Waren das einheitliche Beete, oder wie darf man sich das vorstellen?

Nein, das waren ganz unterschiedliche Projekte, von Sommerbeeten über Schulgärten bis zu Streuobst- und Wildblumenwiesen. Und – das finde ich auch so gut – es waren ganz unterschiedliche Menschen und Einrichtungen beteiligt: von der Insel Mainau über Bürgervereine, Gartenbauämter bis hin zu privaten Garten- und Hausbesitzern und botanischen Gärten.

Für Ihre Arbeit im Naturschutz sind Sie vielfach geehrt worden.

Gefreut hat mich das natürlich schon, aber wichtiger als meine Ehrungen ist ja, dass die Menschen dieses Anliegen annehmen. Und da hat sich ja doch einiges verändert. Heute braucht man niemandem mehr zu sagen, dass es geschützte oder gefährdete Pflanzen gibt. Mit dem Begriff kann inzwischen jeder etwas anfangen. Und dazu, glaube ich, habe ich etwas beigetragen.

Aber die Gefährdung der Pflanzen bleibt …

Ja, natürlich. Es gibt immer mal wieder sogenannte »Rote Listen«, auf denen man die Gefährdung von Tieren und Pflanzenarten genau nachlesen kann. Bei den Pflanzen ist mehr als jede zweite Pflanzenart gefährdet, viele Arten sind inzwischen ausgestorben.

Erklären Sie mir doch bitte den Unterschied zwischen Arten- und Pflanzenschutz.

Beim Artenschutz geht es um den Schutz der biologischen Vielfalt; bei Pflanzen- und Tierschutz um den Schutz der individuellen Pflanze oder des einzelnen Tieres.

Und worum ging es in Ihrem Engagement primär?

Schon um beides. Wer die einzelne gefährdete Pflanze schützt, der tut natürlich auch etwas für den Erhalt der Art. »Naturschutz« ist dafür vielleicht der Oberbegriff.

Wann und wie haben Sie mit Ihrem Engagement begonnen?

Na ja, Sie wissen ja, schon als Kind habe ich mich sehr für die Pflanzenwelt interessiert. Aber der Naturschutz – damit begann ich natürlich erst viel später, eigentlich 1976 mit der Gründung meiner »Stiftung zum Schutz gefährdeter Pflanzen«. Ich wollte damit deutlich machen, dass es in Deutschland eine ganze Reihe von Pflanzen gibt, die durch Abpflücken, durch Umwandlung von Wildstandorten zu Feldern oder durch Bebauung verschwinden.

Und mit welchen Mitteln sollte die Stiftung einen Beitrag leisten?

Eine Stiftung kann ja nun nicht selbst Gesetze machen, aber an der öffentlichen Aufklärung kann sie sich beteiligen; man kann Beispiele für Landschaftspflege geben. Wir haben zum Beispiel Flächen aufgekauft oder gepachtet, um die dort beheimateten Pflanzen zu schützen. Und man kann natürlich die Menschen informieren und Öffentlichkeitsarbeit machen.

Gehört auch die »Blume des Jahres«, die von Ihnen kreiert wurde, zur Öffentlichkeitsarbeit?

Oh ja! Bei der ersten Blume, dem Lungen-Enzian, war das Interesse noch nicht so groß, aber das wurde immer besser, und dafür bin ich auch sehr dankbar.

Dafür haben Sie aber auch einiges getan.

Ja. Jeden Oktober habe ich seit 1980 eine Blume des Jahres vorgestellt, und alle habe ich auch gezeichnet. Das war so erfolgreich, dass dies bald bei anderen Schule gemacht hat. So gab es bald schon den Vogel des Jahres, dann den Baum und heute weit mehr als zwanzig verschiedene Lebewesen des Jahres.

Eine Idee, die Früchte getragen hat.

So kann man es sagen. Nur, wenn es eine Blume und vielleicht einen Vogel des Jahres gibt, achten die Leute mehr darauf – bei mehr als zwanzig ist das schon inflationär.

Ich habe gelesen, Ihr Motto ist »Man kann nur schützen, was man kennt«. Bei diesem Motto sollte man vielleicht schon in der Schule ansetzen.

Nicht *sollte*, sondern das *muss* schon früh beginnen. Aber nicht so im ganz engen Sinne. Man sollte natürlich erst mal anfangen, dass Kinder – und nach meinen Erfahrungen kann man sehr früh damit anfangen – Tiere und Pflanzen kennenlernen, die sie in ihrer Umgebung beobachten können. Ich halte sehr viel davon, dass Kinder lernen, sehr genau hinzusehen. Das brauchen sie später auch für alles mögliche andere. Und für Kinder, die das noch nie erlebt haben, ist es doch ein ungeheures Erlebnis, wenn sie zum Beispiel in einem Schulgarten einen trockenen Samen in die Erde gelegt haben und plötzlich etwas daraus sprießt.

Das wäre ja dann auch ein ganzheitliches Lernen.

Natürlich! Wenn kleine Kinder zum Beispiel Bohnen in die Erde gelegt haben, die zwei dicken Keimblätter rauskommen und sich die Pflanze dann ganz zart entwickelt – die fassen sie ja nicht mehr unvorsichtig an, sondern da werden ihre Bewegungen der zarten Pflanze angepasst. Und dass Pflanzen in der Zeit nicht nur Aufmerksamkeit, sondern auch Pflege haben müssen, ist ja auch etwas, das man den Kindern mit einem kleinen Schulgarten beibringen kann. Und dann hat man schon viel für den Naturschutzgedanken vorbereitet.

Frau Schmidt, Sie haben sich aktiv zeitlebens um den Naturschutz bemüht. Worin sehen Sie zurzeit die größte Gefahr?

Ich bleibe mal hier bei uns in Norddeutschland: Man muss doch nur durch Schleswig-Holstein fahren und die endlosen, langweiligen Maisfelder oder auch die hübsch blühenden Rapsfelder sehen. Mais, Mais, Mais und Raps, Raps, Raps, wo man hinschaut. Es ist doch klar, dass diese Monokulturen eine große

Bedrohung für die Artenvielfalt sind und werden. Und natürlich kommen mit den Monokulturen auch die Schädlinge, die sich auf diese Pflanzenwelt eingestellt haben, und dann muss es irgendwelche Gifte geben, die gespritzt werden. Nein, wenn man das sieht, könnte man schon pessimistisch werden.

Ein durch und durch gelungenes Beispiel von Naturschutz ist aber Ihr Urwaldprojekt am Brahmsee. Welche Idee stand dahinter?

Der heutige Urwald war, als wir ihn vor Jahrzehnten – genauer: 1985 – gekauft haben, ein brachliegender Roggenacker gleich neben unserem Grundstück. Der Brahmsee ist ja ein noch eiszeitlicher See zwischen Moränenhügeln, und auf zweien dieser Hügel liegt nun unser Urwald, der sich ganz von alleine entwickelt hat. Das war ja das Konzept: wachsen lassen, was Mutter Natur da anwachsen lässt.

Und was ist konkret daraus geworden?

Ja, aus dieser Ackerbrache ist nun ein lockerer Laubmischwald, vorwiegend Birken und Eichen, geworden. Ein Mischwald, der auf solchen Sandhügeln in der ganzen Gegend häufiger zu finden ist.

Und er wird auch heute noch nicht von Menschenhand bewirtschaftet?

Nein, natürlich nicht! Zum Beispiel fällt die Nordamerikanische Traubenkirsche, die sich dort stark verbreitet hat, langsam in sich zusammen, und das wird natürlich nicht weggeräumt. Andere Bäume sind auch schon vorher umgekippt. Die Traubenkirsche hat sich durch Vögel ausgebreitet, denn die schwarzen Beeren fressen die Vögel natürlich mit Wonne. Aber diese Pflanze gehört nicht hierher, und in meinem Urwald sieht man, so richtig stämmig wird sie nicht.

Und wie wird der Urwald von der Bevölkerung am Brahmsee aufgenommen?

Der ist Normalität geworden. Die jungen Leute aus dem Dorf sagen: »Wieso, war hier früher kein Wald?«

Die Deutsche Botanische Gesellschaft hat Ihren Urwald »eine Pionierleistung des wissenschaftlich fundierten Naturschutzes« genannt.

Ja. Was da wächst, ist ja auch alles schön von mir dokumentiert worden. Und wenn Sie sich an den vorgesehenen Trampelpfad halten, können Sie sich das auch mal selbst angucken.

Von Ihren Ehrungen für die Tätigkeiten als Naturschützerin wollten Sie ja nicht im Detail reden, aber zum Schluss sollten wir zumindest noch einige der Pflanzen nennen, die Sie entdeckt haben und die Ihren Namen tragen.

Eingang zum »Urwald« am Brahmsee, 2002

Ja, da bin ich stolz drauf. Zum Beispiel auf die *Pitcairnia Loki-Schmidtiae*, die ich in Mexiko entdeckt habe – eine Bromelienart, die vorher so nicht bekannt war. Oder auch die Bromelie *Puya Loki-Schmidtiae*. Und ich habe sogar eine besondere

Skorpionart am Amazonas entdeckt, die nun meinen Namen trägt, und zwar den schönen Zusatz *Tityus Lokiae*. Sehen Sie, Herr Lehberger, diese Namen, das ist etwas, das bleiben wird.

»Regelmäßig gucke ich mir gar nichts an«

Medien und öffentliche Auftritte

Die tägliche Lektüre von Zeitungen spielt im Hause Schmidt sicher eine große Rolle.

Zeitung wird bei uns jeden Morgen gelesen; oder, ich will sagen: Ich überfliege das meiste; eine Zeitung sorgfältig zu lesen, besonders wenn das Niveau nicht ganz niedrig ist, braucht nämlich seine Zeit.

Ich habe den Eindruck, es ist nicht nur eine *Zeitung, die Sie so überfliegen …*

Wir bekommen jeden Morgen drei Zeitungen ins Haus, und die vierte wird vormittags noch gebracht: Die *Süddeutsche*, die *Welt*, das *Hamburger Abendblatt* und die *FAZ*. Die lesen mein Mann und ich dann beim Frühstück, und zwar in einer festen Reihenfolge. Oft geben wir uns auch Hinweise, was der andere auf jeden Fall lesen sollte.

Und donnerstags schauen Sie noch in die Zeit *hinein?*

In die *Zeit* gucke ich meistens am Wochenende, weil da doch mancher Aufsatz ist, den ich in Ruhe lesen möchte. Und dann gibt es natürlich noch eine Sonntagszeitung und den *Spiegel*.

Sie lesen natürlich nicht nur viel Zeitung, sondern es wird auch viel in Zeitungen über Sie berichtet, auch manchmal Dinge, die einem sicherlich nicht so recht sind. Stört das?

Selbstverständlich stört es einen, aber da hat das Alter natürlich einen Vorteil: Je älter man wird, desto unwichtiger wird man für die Tageszeitungen.

Na, ich weiß nicht ... Außerdem benutzen Sie ja durchaus auch die Presse für Ihre Anliegen, ich denke da zum Beispiel an den Naturschutz, an die Blume des Jahres.

Ja. Ich glaube, da ist eine ganz normale Zusammenarbeit entstanden, zumindest was die in Hamburg ansässige Presse angeht. Wenn ich gern möchte, dass irgendetwas publik wird, rufe ich einen der Journalisten an, und ansonsten versucht man, sich leise um die Journalisten herumzuschleichen.

Das heißt also, es gibt durchaus auch Journalisten, die – sagen wir mal – bevorzugt angesprochen werden, wenn es für Sie wichtig ist.

Ja, wobei die natürlich in den letzten Jahren weniger und weniger geworden sind; entweder weil sie nicht mehr arbeiten, weil sie gestorben sind, oder weil ich nicht mehr so interessant bin. Aber ich will doch einmal ganz deutlich sagen: Zuerst der Schutz gefährdeter Pflanzen, später die Naturschutzstiftung – all das wäre sicher nicht so schnell ins Bewusstsein der Öffentlichkeit gedrungen, wenn ich nicht die Hilfe vieler Journalisten von Zeitungen unterschiedlicher Richtungen gehabt hätte, und dafür bin ich sehr dankbar.

Gehen wir mal ein Stückchen weiter zurück: Wie war das in Ihrem Elternhaus? Gab es da eine Zeitung?

Nein, Tagespresse war nicht vertreten. Meine Eltern kauften *mal*, wenn irgendwas sehr Dramatisches oder Wichtiges war, eine Zeitung, aber das Geld für eine Tageszeitung, das war bei uns nicht drin. Das kann sich heute kaum jemand vorstellen, aber auch ein gelernter Arbeiter mit einem Abschluss verdiente, als ich Kind war, gleich nach dem Ersten Weltkrieg, nicht so viel, dass er sich jeden Tag eine Zeitung leisten konnte.

In der Mitte der zwanziger Jahre wurde das Radio zu einem Massenmedium. Ich habe mich gefragt: Gab es bei Glasers schon vor dem Volksempfänger der NS-Zeit ein Radio?

Also, der Volksempfänger ist später gekommen, und wir haben natürlich ein Radio gehabt, das mein Vater als Elektriker selbst gebastelt hatte. Das muss Anfang der dreißiger Jahre gewesen sein, da hat mein Vater im Badezimmer – weil er eine Erdung brauchte – aus alten Teilen ein Radio zusammengebastelt und aufgestellt. Und die Erdung war ein

Draht, der zum Wasserboiler über der Badewanne führte. Man konnte dann auf dem Rand der Badewanne sitzen und durch Gekrächze hindurch auch manchmal verstehen, was da geredet wurde.

Kein reines Vergnügen.

Es gab sicher einige Menschen, die ein besser funktionierendes Radio hatten. Nein, die Radioindustrie ist ja erst schlagartig gewachsen, als die Nazis am Ruder waren und sofort begriffen hatten, dass mit dem Radio – einem einfachen Radio, das hieß ja auch »Volksempfänger« – die Menschen gut zu erreichen waren. Diese Volksempfänger waren ungefähr dreißig mal vierzig Zentimeter groß, der Lautsprecher war mit irgendeinem braun gemusterten Stoff verkleidet, und unten waren – ich glaube, drei – Drehknöpfe. Und vor allem: Die Volksempfänger waren verhältnismäßig billig, weil das Radio für die Propaganda der Nationalsozialisten benutzt wurde.

Hatten Ihre Eltern ein Grammophon?

Jein. Auch das war zusammengesucht aus verschiedenen Altteilen. Es gab einen Plattenteller, der sich drehte, wenn man ihn anschloss. Das hatte mein Vater gebastelt, wir hatten allerdings keine Schallplatten. Und dann haben wir Kinder mal unser Erspartes zusammengelegt und eine Schallplatte gekauft, die den schönen Titel hatte: »Heimweh nach dir, Virginia«. Wie oft die Platte aufgelegt und gespielt wurde, weiß ich nicht. Wir haben sie hauptsächlich gehört, wenn wir sauber machten. Ich könnte Ihnen das Lied noch vorsingen, ich habe allerdings keine gute Stimme. Ein sehr schmalziges Lied – ein Sklavensong.

Die wird dann einige hundert Mal gespielt worden sein.

Oh ja. Und man konnte wunderbar dabei den Besen schwingen oder Staub wischen.

Das ist eine schöne Geschichte. Mitte der fünfziger Jahre gab es dann immer mehr Fernseher. Können Sie sich erinnern, wann in Ihrem Haushalt der erste Fernseher stand?

Da müssen wir mal ganz deutlich sagen: Mitte der fünfziger Jahre hatten wir noch kein Geld dafür. Aber Anfang der Sechziger, wir wohnten schon hier in Langenhorn, erzählten mir die Kinder in der Schule, was sie im Fernsehen gesehen hatten, sodass ich zu meinem Mann sagte: »Es hilft nichts, wir müssen uns auch einen Fernseher anschaffen. Ich muss mit den Kindern darüber reden. Es sieht so aus, als ob immer mehr Menschen einen Fernseher bekommen.« Daraufhin haben wir hier also unseren ersten Fernseher gehabt, ein durchgehendes Programm gab es aber noch nicht.

Und hatten Sie ein Lieblingsprogramm?

Um die frühe Nachmittagszeit wurden oft Naturfilme als sogenannte Testsendungen gezeigt, und meine Tochter und ich haben versucht, möglichst schnell Mittag zu essen, um in Ruhe diese Filme anzuschauen. Auch für mich war da eine ganze Menge Neues dabei. Das waren noch Filme, die nicht von Deutschen gedreht waren, die aber später in dieser Art von Grzimek und seinem Sohn in Vollendung produziert und gesendet wurden.

Das Fernsehen hat sich dann ja schnell zum Massenmedium entwickelt. Heute sieht jeder erwachsene Bundesbürger im Durchschnitt über dreieinhalb Stunden am Tag fern. Ihr Mann hat, als er Kanzler war, vorgeschlagen, einen fernsehfreien Tag pro Woche einzuführen, um die Gespräche zu Hause und das Miteinander zu fördern.

Und ist ausgelacht worden.

Hat es den fernsehfreien Tag denn bei Ihnen gegeben?

Wir hatten doch gar nicht so viel Zeit, um täglich fernzusehen.

Was gucken Sie heute regelmäßig?

Regelmäßig gucke ich mir gar nichts an.

Auch die Nachrichten nicht?

Ich versuche es, entweder um sieben oder um acht.

Und was gucken Sie gern, was interessiert Sie?

An sonstigen Sendungen? Na ja, wenn es mal einen Tier- oder Naturfilm gibt, wo ich an der Aufmachung in der Zeitung sehen kann, dass das was Vernünftiges ist, gucke ich dann schon mal, wenn ich Zeit dafür habe.

Und sehen Sie sonntags den Tatort?

Nein. Es ist ja so: Unseres Alters wegen brauchen wir für viele Dinge, die man sonst so am Rande gemacht hat, sehr lange, und deswegen fehlt uns beiden immer ein wenig die Zeit, und am Wochenende wird dann aufgearbeitet.

Das heißt also, es ist relativ begrenzt, was Sie sich ansehen. Schalten Sie bei Talkshows ein? Es gibt ja so viele politische Talkshows inzwischen.

Es kommt darauf an, wer da auftritt. Aber eins ist mir in den letzten Jahren aufgefallen: Früher gab es noch längere Debatten aus dem Bundestag – die gibt's nicht mehr, sondern einzelne Politiker geben ihre Statements ab, und jemand anders entgegnet, wenn man Glück hat. Aber richtige Debatten im Bundestag gibt es nur noch als Reprisen von früher.

Und die finden Ihr Interesse?

Das kann manchmal sehr spannend sein, weil man viele Dinge, die auch nicht so wichtig waren, vergessen hat. Übrigens: Wenn das Fernsehen keine echten Debatten mehr zeigt, schließe ich daraus, dass es im Bundestag leider auch keine richtigen Debatten mehr gibt. Und das stimmt mich etwas nachdenklich.

Mir ist aufgefallen, dass Sie in den letzten Jahren bei einer Talkshow häufiger präsent waren, und zwar bei Reinhold Beckmann. Gibt es da eine besondere Nähe?

Herr Beckmann hat sich immer an das gehalten, was man vorher abgemacht hatte, denn Journalisten und auch Fernsehjournalisten sind nicht immer fair. Bei Beckmann kann man sich darauf verlassen – wenn er eine Frage stellt, die man nicht beantworten will, kann man auch sagen: »Darauf gebe ich keine Antwort«, dann stellt er seine nächste Frage.

… und bohrt nicht nach.

Ja. Das gibt es bei anderen durchaus, und dieses Immer-wieder-mit-anderen-Worten-Abwehren kostet Kraft, die ich nicht mehr aufbringen möchte.

Ich glaube, er ist Ihnen auch persönlich ganz angenehm, nicht?

Ja, aber da gibt es natürlich auch noch andere. Nur, was mir an Herrn Beckmanns Sendung gefällt, ist, dass man seine Ansichten besonders gut mitteilen kann. Man weiß dann, das haben jetzt viele Menschen gesehen. Dafür ist das gut.

Ihr Mann hat die Medien ebenfalls immer sehr geschickt für sich nutzen können. Er galt ja als erster »Medienkanzler«.

Das begann aber viel früher und ist eng mit dem Namen Gyula Trebitsch verbunden.

Und dessen Firma Real-Film.

So ist es. Gyula Trebitsch, mit dem und dessen Frau wir eng befreundet waren, hat bereits für die Bundestagswahl 1953 kleine Filmspots für meinen Mann gedreht, die Vorläufer der Wahlkampfspots im heutigen Fernsehen quasi. 1957 wiederholte er das noch einmal mit Zeichentrickfilmen für den Wahlkampf meines Mannes.

Wenn Sie später, in den siebziger und achtziger Jahren, Ihren Mann in Wahlkampfsendungen im Fernsehen gesehen haben – haben Sie ihm anschließend eine Rückmeldung gegeben? Er konnte ja sehr scharf sein.

Das fand ich in Ordnung, dass er auch mal klar und deutlich wurde. Natürlich habe ich ihm, wenn er fragte, gesagt, was ich von seinen Auftritten gehalten habe.

Heute beziehen viele Politiker ihre Frau oder gar ihre Familie in ihren Wahlkampf mit ein. Wie war das bei Ihnen? Sind Sie auch mit aufgetreten?

Da muss ich jein sagen. Zur Unterstützung meiner Naturschutzstiftung habe ich ja, wie bereits erwähnt, für Rosenthal Teller mit Blumen bemalt und sie auch in Porzellangeschäften signiert. Da kamen viele Menschen und haben mir zugehört. Und das habe ich oft getan, wenn Helmut irgendwo anders in einer Stadt eine politische Wahlveranstaltung hatte. Irgendwann einmal passierte es, dass ich nicht rechtzeitig dahin kam, und mein Mann sagte laut durch den ganzen Zuschauerraum: »Oh, da kommt ja meine Frau.« Und ich musste durch den ganzen Raum gehen, um meinen Mann zu begrüßen. Der Saal jubelte, und einer der Sicherheitsbeamten sagte leise: »Frau Schmidt, tun Sie uns doch einen Gefallen und kommen Sie immer ein bisschen später.« Wir haben es dann also so kombiniert, dass ich meistens ziemlich am Ende seiner politischen Rede gekommen bin, und dann konnte man sich noch ein bisschen unterhalten. Das mochten die Leute.

Das war ja sehr geschickt. War Ihre Tochter auch einbezogen?

Nein, das wollten wir nicht. Wenn Kinder in die Politik einbezogen werden, tut mir das eher leid. Als Jimmy Carter Präsident war und Deutschland besuchte, habe ich ja selbst erlebt, dass Rosalynn und Amy jede Veranstaltung mitmachten und Amy sich in Szene setzte. Und wenn der Präsident gebeten wurde, irgendwo ins Gästebuch seinen Namen zu schreiben, schrieb sie *selbstverständlich* unter seinen Namenszug »Amy«, und manchmal malte sie noch eine Katze dazu. Ich habe gedacht: Das arme Kind.

Frau Schmidt, Hamburg war der Ort, an dem alle großen Presseleute versammelt waren. Die Gräfin Dönhoff und Gerd Bucerius von der Zeit*, Henri Nannen vom* Stern *und Rudolf Augstein vom* Spiegel*. Zu allen hatte Ihr Mann einen engen Kontakt. Wie war das bei Ihnen?*

Natürlich kannte ich alle vier, die Sie aufgezählt haben. Allerdings unterschiedlich nah. Am häufigsten habe ich natürlich die Gräfin Dönhoff gesehen, da wir oft zu Gesprächen in ihrem Haus in Blankenese waren.

Gab es zu diesen Pressemenschen Ihrerseits auch einen eigenen Gesprächskontakt?

Die Gräfin war, wenn ich das mal so sagen darf, eher an Gesprächen mit Männern interessiert. Sicher haben wir uns über das eine oder andere unterhalten, aber an engere Zweiergespräche kann ich mich nicht erinnern.

Und die drei Herren?

Die anderen waren, glaube ich, auch nicht sonderlich an meinen Themen interessiert – mit Ausnahme von Axel Springer. Den haben wir, mein Mann und ich, auch auf Sylt besucht, und ich kann mich an gute Gespräche mit ihm über Natur und Naturschutz erinnern. Vielleicht ist auch noch interessant, was ich mit Henri Nannen erlebt habe: Als er irgendwann seine, ich glaube, dritte Frau mitbrachte, habe ich ihm hinterher gesagt: »Herr Nannen, um die sollten Sie sich längerfristig bemühen.« Das hat er dann wohl auch getan.

»Na ja, das Thema können wir doch mal nehmen«

Mode

Frau Schmidt, als ich bei unserem letzten Gespräch vorgeschlagen habe, einmal über das Thema Mode zu reden, da haben Sie »Och ...« gesagt und waren sehr skeptisch. Und dann haben wir begonnen, ein wenig über Aenne Burda zu reden, und danach haben Sie gesagt: »Na ja, das Thema können wir doch mal nehmen.«

Aber bevor wir damit anfangen, muss ich mal etwas zu den Lilien sagen, die Sie mir zu unserem letzten Gespräch mitgebracht haben. Bei denen war ja noch keine Blüte offen, und die Blätter hingen alle etwas müde nach unten. Aber schon während wir hier saßen, die Blumen also im warmen Zimmer waren, fingen die Blätter an, sich aufzurichten.

Und die erste Blüte ging auf.

Nein, Sie haben sich die Lilie nicht so genau angeschaut wie ich. Erst am nächsten Tag fing die erste Knospe an, ein bisschen aufzugehen. Und jeden Morgen haben Helmut und ich erst mal geguckt: Hat sich wieder eine gerührt? Diese Lilien haben sich doppelt so lange gehalten wie gewöhnlich.

Das ist schön, dass Ihnen meine Blumen so viel Freude machen. Nun aber zur Mode. Gerade gestern habe ich gelesen, dass Frauen entweder Hosen- oder Rockträgerinnen sind. Die deutliche Mehrheit bevorzugt übrigens heute die Hosenmode. Wie ist das bei Ihnen, Frau Schmidt?

Ich bin einundneunzig Jahre alt; als ich mich für Mode interessiert habe, trugen Frauen noch keine Hosen. Das muss man – weil wir uns ja auch damit beschäftigen, wie sich die Welt verändert – mal ganz deutlich sagen. Natürlich, in meiner Schule, der Lichtwarkschule, ging man durch den Stadtpark zu den Sportplätzen schon umgezogen und hatte Hosen an, aber auf die Idee, im Alltag eine Hose anzuziehen, ist keiner gekommen. Frauen trugen Röcke oder Kleider, und nur Männer trugen Hosen. Das war so, und ich kann überhaupt nicht erinnern, dass – das heißt, in der Schule – irgendein Mädchen Hosen getragen hätte, auch bei unseren jährlichen Klassenreisen nicht, und auf der Straße natürlich erst recht nicht.

Wann haben Sie angefangen, Hosen zu tragen?

Das überlege ich gerade. Ich glaube, sicher erst auf meinen Expeditionsreisen mit der Max-Planck-Gesellschaft in den späten siebziger Jahren habe ich

Hosen getragen, weil das einfach praktischer war, aber sonst …

Offiziell nicht?

Offiziell in Bonn – niemals. Und offiziell nach der Bonner Zeit – niemals. Nein, da hat sich die Welt sehr verändert.

Aber als ich Sie kennengelernt habe, auf der Eröffnung der Ausstellung über die Lichtwarkschule 1996, hatten Sie einen Blazer an, eine Bluse, eine Brosche und eine Hose.

Na ja, da war ich ja auch schon fast achtzig, und da waren Hosen für Frauen ja auch schon seit längerem üblich.

Und wie finden Sie es, dass heute fast alle unsere Politikerinnen, allen voran die Kanzlerin, fast ausschließlich Hose und Jackett tragen?

Da ich die Zeit ohne Frauenhosen kenne und miterlebt habe, kann ich nur sagen: Gott sei Dank, dass die Frauen sich praktisch anziehen dürfen – selbst Abendgarderoben sind ja inzwischen durchaus mit Hosen kombiniert.

Aber ehrlich gesagt, ich finde Frauen mit einem schönen Kleid oder Kostüm auch sehr schick.

Wenn der Po nicht zu dick ist und die Beine einigermaßen aussehen – eine Hose verdeckt manches …

Aber das lässt sich für mein Leben und auch für das anderer Frauen meines Alters ungefähr sagen: dass wir eine Generation sind, die in der Mode von Röcken auf Hosen umgestiegen ist.

Ihre Kinder- und Jugendzeit war die Zeit der sogenannten »Reformkleider«. Galt das auch für Ihre Mutter?

Das war ein großer Schritt in der Frauenmode. Ich habe das ein bisschen mehr mitbekommen als andere Kinder meines Alters, weil meine Mutter für sich und andere nähte. Die Reformkleider – die sogenannten – waren praktischer, bequemer und dem natürlichen Körperbau der Frau angemessener. In diesen Kleidern sollten die Frauen sich frei bewegen können und nicht – der Mode wegen – eingeengt sein. Dieser Wechsel war ein echter Bruch in der Mode. Es ist ein ähnlicher Schritt gewesen wie anderthalb Generationen später vom Rock zur Hose, würde ich sagen. Zum Glück kennt ja heute keiner mehr die Schnürkorsetts!

Sie hätten ja auch keins gebraucht, so dünn, wie Sie sind.

Herr Lehberger, Sie haben ja keine Ahnung! Ende der fünfziger Jahre, als es wieder genug zu essen gab, hatte ich Konfektionsgröße 44 und manchmal 46. Das sagt Ihnen aber nichts …

Doch, das sagt mir was!

Ich war also richtig schön mollig, mit stämmigen Hüften. Aber ein Mieder hätte ich nie angezogen. Das kannte ich nur aus Modejournalen, die ich manchmal in die Hände bekam – Sie wissen ja, wie neugierig ich war, so was musste untersucht werden. Aber selbst habe ich nie ein Mieder in die Hand genommen.

Ihre Mutter war Schneiderin; da haben auch Sie sicher nähen gelernt …

Aber natürlich! Nach diesem Krieg, als wir nichts hatten, hat man doch aus allem, was es gab, versucht, irgendein Kleidungsstück zu nähen. Ich habe viel genäht. Mein erstes Kleid, das ich selbst genäht habe – das muss so um 1929/30 herum gewesen sein. Meine Mutter hat mir nur beim Zuschneiden etwas geholfen. Es war kein neuer Stoff, sondern irgendein altes Kleid, das meine Mutter von Kunden bekommen hatte, die es nicht mehr anziehen wollten – rotbrauner Wollstoff, das weiß ich noch genau, ein Kleid mit kurzem Arm. Und beim ersten Ausflug mit dem Kleid habe ich es bei einer Baumkletterei zerrissen.

Frau Schmidt! Klettern mit einem Kleid?

Ja, natürlich bin ich mit Rock und Kleid geklettert! Ich glaube, es war irgendwo in Richtung Bergedorf, wo ja einige Wässerchen von der Geestkante in die Marsch fließen, da stand ein wunderschöner Baum zum Klettern. Es hat ein Mal gekracht und geknirscht, und da war direkt neben meiner Naht ein ziemlich großer Riss in dem mürben Stoff. Den konnte ich auch nicht mehr flicken. Mein erstes selbstgenähtes Kleid hat also nicht lange gehalten.

Nach dem Zweiten Weltkrieg wurde Aenne Burda als Herausgeberin der Zeitschrift Burda Moden *eine bedeutende Frau für die deutsche Mode.*

Ja, und zwar auch wegen dieser praktischen Hefte, die immer auch Schnittmuster enthielten. Damit konnte jede Frau, die ein *bisschen* handwerkliches Geschick hatte, eigentlich gut zurechtkommen. Es war also Aenne Burda zu verdanken, dass sich viele Frauen daranwagten, selbst etwas zu nähen. Das war eine wirklich große Sache damals. Ich habe sie übrigens kennengelernt und einen ihrer Betriebe besucht. Da herrschte ein gutes Klima, und ich glaube, sie war auch eine tüchtige Unternehmerin.

Ich habe gelesen, dass dieses Nähen nach Aenne Burdas Schnittmustern für die Generation der Trümmerfrauen steht: Mit geschickten Händen entstehe aus vielen kleinen Teilen etwas Neues.

Das ist ein hübscher Vergleich. *(Schmunzelt.)* Daran können Sie auch sehen, dass man gleich nach dem Krieg oder auch schon in Kriegszeiten versuchte, so viel wie möglich selbst zu machen, um überhaupt mal etwas Neues zu bekommen. Da gehört ja auch das Stricken dazu – oft mit alter Wolle! Ich habe nach dem Krieg für Bauern in der Umgebung gestrickt, gegen Geld und später gegen Naturalien.

Und was haben Sie gestrickt?

Strümpfe habe ich gestrickt, aber für die Bauern hauptsächlich Pullover und Jacken. Und es war immer ein Kunststück, ein paar Wollrestchen überzubehalten. Meistens habe ich vorsichtig gefragt: »Da ist noch so ein kleines Knäuel Wolle übrig geblieben, kann ich das behalten?« Manchmal habe ich aber auch, weil ich so einen »schlechten« Charakter habe, ein bisschen mehr Wolle nachbehalten …

Haben Sie nach eigenen Vorlagen gestrickt?

Keine Vorlagen, aber nach eigenen Vorstellungen. Übrigens, Herr Lehberger, ich habe auch schon 1939/40 während meiner Vorlesungen und in den Seminaren gestrickt.

Und ich habe immer geglaubt, das sei eine »Errungenschaft« der jungen Frauen in der Grünen Partei gewesen.

Sehen Sie, das dachte ich mir. Aber auch beim Stricken waren die nicht die Ersten.

Frau Schmidt, es ist bekannt, dass Rut Brandt als Kanzlergattin exklusiv von dem Berliner Modemacher

Uli Richter eingekleidet wurde. Hatten Sie auch einen eigenen Modemacher?

Also ehrlich, der Name Uli Richter ist mir fremd. Heinz Oestergaard kenne ich als großen Modemacher jener Jahre.

Und haben Sie bei Oestergaard bestellt?

Nein. Ich bin in Bonn oder Bad Godesberg in ein Geschäft gegangen und habe mir da ein Kleid ausgesucht, wenn ich eins brauchte. Aber ich habe – lassen Sie mich überlegen, damit ich nicht schwindle –, nein, einen Schneider oder eine Schneiderin habe ich nie gehabt.

Sie haben also von der Stange gekauft, wie man so schön sagt.

Von der Stange gekauft, vielleicht mal ein bisschen enger machen lassen. Vor der Bonner Zeit habe ich das mit meiner Mutter gemacht, die war da noch ganz tüchtig.

Auf den Fotos, die ich von Ihrem Mann aus dieser politisch aktiven Zeit kenne, sieht er immer sehr schick aus. Gute Figur, feine Anzüge, oft mit Weste. Haben Sie ihn beraten?

Nein, das Einkaufen haben wir immer getrennt erledigt, weil wir ja beide ziemlich viel um die Ohren hatten – das musste irgendwo in eine Lücke rein.

Wir haben es uns höchstens manchmal hinterher vorgeführt.

Und wo hat Ihr Mann seine Anzüge gekauft?

Immer bei Staben, einem Geschäft am Hamburger Rathausmarkt. Er hat dort zwei Besitzergenerationen erlebt.

In den sechziger und siebziger Jahren waren Modenschauen ja ein gesellschaftliches Ereignis für Frauen. Haben Sie an vielen Modenschauen teilgenommen?

Nein. Ich glaube, ich habe nie eine Modenschau besucht. Jedenfalls haben sie sich, falls ich mal teilgenommen haben sollte, nicht so eingeprägt, dass ich es heute noch erinnere. – Wir kennen uns lange genug, Sie wissen, dass das nun wirklich nicht mein Hauptinteresse war. Ich war immer der Meinung, dass man sich dem Modetrend ein bisschen anpassen muss. Als die Röcke sehr kurz waren, waren meine zwar etwas länger, weil ich so dicke Knie hatte – die braucht man ja nicht von allen bestaunen zu lassen –, aber natürlich hat man sich, besonders in der Stellung, die ich ja nun mal hatte, nicht gegen die Mode gestellt.

Wie haben Sie auf die Mini-Mode Ende der sechziger Jahre reagiert?

Sie dürfen nicht vergessen, da war ich über vierzig Jahre alt – die habe ich natürlich nicht mitgemacht.

Allerdings weiß ich noch, dass ich einige Sommerkleider ein bisschen kürzer gemacht habe – trotz der dicken Knie –, das war halt praktischer, nicht?

Wie ist das mit Ihrer Tochter gewesen? Die hat doch sicher die Mini-Mode mitgemacht?

Da das arme Kind ja noch ziemlich lange auch von mir Selbstgenähtes tragen musste, kann ich mich nicht mehr genau erinnern, aber ich werde ihr sicher nichts genäht haben, was gegen die Mode ging. Es war sowieso schwierig genug für sie. Das hat sie mir erst sehr viel später gestanden: »Ich immer mit meinen selbstgenähten Röcken, und die anderen hatten beinahe jede Woche irgendwas Neues.« Aber sie ist trotzdem groß geworden …

Ja. Haben Sie jemals aus dem Katalog gekauft?

Bekleidung nicht, nein. Aber Bettwäsche und vor allen Dingen Handtücher, das erinnere ich noch sehr genau. Die waren im Katalog wesentlich günstiger, als man sie in einem Geschäft bekam.

Bei meinen vielen Besuchen bei Ihnen ist mir aufgefallen, dass Sie und Ihr Mann auch zu Hause immer gediegen gekleidet sind. Ihren Mann habe ich hier eigentlich noch nie ohne Jackett gesehen, selbst am Frühstückstisch.

Also, Ihnen zuliebe habe ich ja heute feste Schuhe angezogen, weil das besser aussieht, und nicht meine bequemeren, aber inzwischen halb zerfallenen Turnschuhe.

Sie haben fast immer auch ein Sakko an.

Ja.

Sie gucken so an sich herunter?

Ja … Ich frage mich eben: Dieses hier ist, glaube ich, die letzte oder vorletzte Jacke, die ich mir gekauft habe. Es ist sicher sehr lange her, dass ich sie gekauft habe.

Das wollte ich fragen: Hört das dann auf, wenn man älter ist – kauft man dann weniger Kleidung?

Sehen Sie, mit einundneunzig, wenn man nicht mehr so bewegungsfähig ist, bleibt man im Hause. Es kommt ganz selten vor, dass ich mal nach außerhalb gehe. Und wenn die Kleidung noch heil und anständig ist – das war allerdings früher auch mein Grundsatz –, kann sie auch weiterhin angezogen werden. Ob das daran liegt, dass zu meiner Kinderzeit nie Geld da war, oder ob es daran liegt, dass ich ein vernünftiger Mensch bin – ich weiß es nicht. Überflüssiges kaufen, das tue ich selten. Und das galt für die Kleidung wohl mein ganzes Leben.

»Ich bin aus Norddeutschland, da sagt man guten Tag«

Reisen

Frau Schmidt, Sie sind viel gereist in Ihrem Leben.

Ja, das ist aber seit einigen Jahren vorbei. Gelegentlich für ein paar Tage in unser Wochenendhaus am Brahmsee, aber das war es dann.

Aber früher, in der aktiven Zeit Ihres Mannes als Politiker, sind Sie viel gereist.

Ja, aber die Reisen, die ich damals gemacht habe, waren sehr unterschiedlicher Art. In diese Zeit fallen zunächst die offiziellen Reisen – mit weichen Stühlen und Teppichen und formvollendet gedeckten Tischen und mit Leuten, die einem beinahe jeden Teelöffel reichten. Oder es kamen offizielle Reisende nach Bonn, und da musste ich dann versuchen, alles so gut wie möglich zu organisieren. Das waren die einen Reisen. Die ganz anderen waren meine Forschungsreisen, die ich mit der Max-Planck-Gesellschaft unternahm und bei denen ich meistens botanische Aufgaben übernommen habe.

Wohin ging die erste Reise?

An den Nakuru-See in Kenia. Das war 1976.

Haben Sie sich selbst eine Aufgabe gestellt, oder haben Sie diese mit den Wissenschaftlern abgesprochen?

Das wurde mir zudiktiert.

Zudiktiert?

Na ja, das wurde vorher besprochen. Am Nakuru-See zum Beispiel sollte jemand zwei verschiedene dort lebende Kingfisher – das sind Eisvögel – miteinander vergleichen. Der eine lebt am See von Fisch, der andere ein bisschen weiter vom See entfernt in einem trockenen Waldgebiet. Dass die etwas Unterschiedliches fressen, kann man sich ja leicht vorstellen. Dort habe ich dann die Vegetationsaufnahme gemacht.

Haben Sie das schriftlich dokumentiert?

Ja, natürlich! Und zwar beschrieben und gezeichnet, denn schnell habe ich gemerkt: Wenn ich eine mir fremde Pflanze sehe und sie zeichne, achte ich, ohne mir dessen ganz bewusst zu werden, viel mehr auf kleine Details, auf die es später bei der Bestimmung ankommt.

Was passierte mit Ihren Unterlagen?

Die kamen zur Expeditionsdokumentation. Bei der Reise zum Nakuru-See kam ein Teil aber auch ins Naturkundemuseum in Nairobi. Da arbeitete ein

Engländer, ein älterer Mann, der nach dem Ende der Kolonialzeit dort geblieben war. Und der sagte: »Nakuru-See – haben wir alles; hier, lange Pflanzenlisten.« Dann hat er sich meine Liste angeguckt und sagte: »Oh, haben wir noch gar nicht.« Und dann habe ich ihm mein Herbarmaterial gezeigt: Tatsächlich, drei Pflanzen hatten sie noch nicht. Und dann hat er mich angesehen mit so wässrigen alten Augen und gesagt: »Sie haben doch sicher mehrere Exemplare, können wir diese behalten?« Konnten sie.

Das war die erste Reise, aber Sie haben doch noch eine zweite gemacht mit der Max-Planck-Gesellschaft?

Eine zweite? Ich bin fast jedes Jahr mit Max Planck gereist. Das Jahr darauf sind wir, glaube ich, auf den Galapagos-Inseln gewesen, später waren wir zum Beispiel auch in Ecuador, Malaysia, Brasilien und Nord-Borneo. Es waren immer kleine Forschungsgruppen, zwei oder drei Leute.

Das waren sicher spannende Zeiten.

Ja, vor allen Dingen war es ja beinahe das, was ich mir als Kind als Beruf gewünscht hätte. Wenn die mich fragten, bin ich meistens auch mitgefahren. In Bonn habe ich immer gesagt: Bonn ist mein Arbeitsplatz, aber jeder, der hier in Deutschland arbeitet, hat *mal* das Recht, Urlaub zu nehmen. Das waren also meine zwei oder drei Wochen Urlaub.

Aber zum Brahmsee sind Sie im Sommer auch gefahren?

Den Brahmsee haben wir natürlich in der Zeit auch gehabt, aber da sind ja dann fast immer auch Mitarbeiter oder Minister gekommen – der Betrieb ist ja weitergelaufen. Und da waren wieder ganz andere Dinge gefragt, zum Beispiel wie man mit zwei Kochplatten neun oder zehn Leute versorgt und außerdem noch Kaffee kochen kann.

Und wie funktionierte das?

Für die Ministersitzungen am Brahmsee kann ich das genau sagen, weil ich auf meinen zwei Flammen fast immer dasselbe gekocht habe. An einem Tag bereitete ich zwei große Schüsseln mit roter Grütze und die Kartoffeln für den Salat zu. Am nächsten Tag hatte ich ja dann meine Flammen wieder frei, da kamen die Leute aber schon, sodass ich meinen Kartoffelsalat fertig machen musste. Auf eine Flamme kamen die Würstchen zum Heißmachen und auf die andere das Wasser für den Kaffee.

Aber zum Schwimmen haben Sie hoffentlich auch mal Zeit gehabt?

Ja, natürlich. Jeden Morgen, und zwar einmal ganz rüber, bis ans andere Ufer. Das sind ungefähr fünfhundert Meter pro Richtung.

Beachtlich! Und das alleine?

Ich hatte ja auch noch einen Sicherheitsbeamten, und der stand entweder am Ufer, oder er hat einen Kollegen gefragt, der lieber schwimmen mochte. Nein, ich glaube, es ist immer einer mitgeschwommen, und manchmal war es jemand, der des Schwimmens nicht so mächtig war.

Dann mussten Sie warten?

Nein, dann haben wir uns drüben an die Uferkante gesetzt; da war so ein kleiner Bootssteg, da haben wir auf der Kante gesessen, und ich habe dann eine Pause eingelegt. Man kann ja sehen, ob der andere wieder normal atmet, und dann sind wir zurückgeschwommen. Nein, fünfhundert Meter – wenn man es gewohnt ist, ist das nicht so viel.

Sind Sie auch mal mit Helmut mitgesegelt?

Ja, mit Helmut und Willi Berkhan, das war unser Freund, der am Brahmsee das Haus neben uns bewohnte.

Durften Sie auch die Pinne halten?

Die Pinne halten ist auf dem Brahmsee gefährlich! Die habe ich kaum bekommen; ich war meist Vorschotmann.

Seit wann gab es das Haus am Brahmsee?

Seit 1958. Für heutige Verhältnisse war es finanziell günstig, aber damals war es für uns natürlich ein furchtbarer Knust, den wir möglichst bald loswerden wollten.

Finanziell.

Zuerst hatten wir draußen noch ein Plumpsklo, das ausgeleert werden musste. Das war meistens mein Vergnügen. Dann haben wir allerdings zusammen mit unseren Nachbarn, den Berkhans, Anfang der Sechziger fließend Wasser bekommen – eine Pumpe, die die beiden kleinen Häuser mit fließendem Wasser versorgte, was auch bedeutete: ein richtiges WC. Das war schon eine große Erleichterung, denn vorher musste ich zum Beispiel auch die Wäsche unten am See waschen.

Anfang der sechziger Jahre, als es den Menschen wieder etwas besser ging, war für die Deutschen Italien das beliebteste Reiseziel. Galt das auch für die Familie Schmidt?

Nein, wir sind damals nicht nach Italien gefahren. Natürlich kenne ich Teile Italiens, aber wir sind nie gezielt nach Italien gefahren, obwohl ich gern eine, sagen wir mal, kunstgeschichtlich ausgerichtete Reise dorthin gemacht hätte. Dazu ist es aber nie gekommen. Natürlich waren wir im Vatikan. Natürlich haben wir uns in Süditalien bei Tarent alte griechische Tempelruinen angeguckt, wenn wir da

Am Brahmsee; sechziger Jahre

in der Nähe zu tun hatten. Aber in den sechziger Jahren hatten wir für eine solche private Reise wohl auch noch nicht das Geld.

Hat es denn später auch mal eine richtige Luxusreise gegeben?

Eine Luxusreise nicht gerade, aber einige Male war ich auf einer Schönheitsfarm am Tegernsee.

Wie ist es dazu gekommen?

Das hängt mit unseren bayerischen Freunden, dem Ehepaar Vogel, zusammen. Liselotte Vogel hatte mir erzählt: »Am Tegernsee gibt es eine wunderbare Schönheitsfarm, und da wirst du von morgens bis abends versorgt.« Da hab ich mich dann mal angemeldet.

Und war es dann tatsächlich so, wie Liselotte Vogel es geschildert hatte?

Ja. In dem Programm waren zwar auch zwei Stunden Mittagsruhe, wo man sich bei schönem Wetter draußen einwickeln lassen konnte. Aber sonst ging es gleich nach dem Frühstück los, was weiß ich, mit Gymnastik, dann kamen Bäder und Anwendungen, dann wurden einem die Fingernägel anständig gemacht, und dann gab es wieder Gymnastik. Es war wirklich … eine Woche von morgens bis abends nur für die Gesundheit und Schönheit.

Echte Entspannung also.

Ich will Ihnen sagen: Wenn man aus einem hetzigen Alltag kommt und sich da in deren Hände begibt, nichts zu denken braucht, immer mit einem rumgetüdelt wird – das ist sehr erholsam.

Als katholisch erzogenen Menschen interessiert mich zuletzt noch besonders Ihr Besuch bei Papst Johannes Paul II. Dort waren Sie ja einmal anlässlich des offiziellen Besuches Ihres Mannes als Kanzler.

Na ja, der Besuch bei Papst Johannes Paul II., der war schon einprägsam. Bevor wir in das Gebäude hineinkamen, hat mich bereits die Schweizergarde stark beeindruckt. Das ist wirklich von Kopf bis Fuß ein Stück Vergangenheit und in der heutigen Zeit natürlich außergewöhnlich.

Wie wurden Sie empfangen?

Zunächst mussten wir kurze Zeit in einer Art Vorraum warten, denn Audienzen sind natürlich genau getaktet. Ich habe dann meinen schwarzen Schleier über den Kopf gelegt. Das hatte mir zwar keiner vom Protokoll gesagt, aber natürlich wusste ich, dass das bei einem Papstbesuch erwartet wurde.

Und was hat Sie am Papst beeindruckt?

Ja, zunächst einmal fand ich es sehr großzügig, dass er uns gleich entgegengekommen ist. Ich erinnere, dass er zu mir gesagt hat: »Grüß Gott.« Da habe ich wohl ein bisschen das Gesicht verzogen. Daraufhin sagte er: »Begrüßt man sich so nicht?« – »Nur im Süden Deutschlands«, hab ich entgegnet, »ich bin aus Norddeutschland, da sagt man guten Tag.«

Papst Johannes Paul II. war ja vielsprachig. Wie waren seine Deutschkenntnisse?

Fabelhaft! Und wenn er bei all seinen Audienzen die Menschen in ihrer Heimatsprache angesprochen hat, war das natürlich für jeden Einzelnen gleich etwas Besonderes, das das Gespräch erleichtert hat.

Wie war Ihr Gesamteindruck vom Papst?

An unser Gesprächsthema kann ich mich nicht mehr erinnern. Aber dass er ein sehr warmherziger und interessanter Gesprächspartner war, hat mich für ihn eingenommen. Von einer großen Distanz war also nichts zu spüren.

Und ging die Reise mit einem Besuch der Vatikanischen Museen zu Ende?

Nein, die Museen haben wir nicht besucht, aber die Sixtinische Kapelle – die mich dann aber nicht so überwältigt hat, wie ich es mir vorgestellt hatte. Das hat natürlich auch daran gelegen, dass ich die Malweise des Mittelalters zwar wunderbar fand – ich hatte ja von den Kunstpostkarten, die mein Vater uns immer mal mitgebracht hatte, ein bisschen kennengelernt –, aber mein »kunstkritisches Herz« schlug eben eher bei der Moderne ein bisschen höher. Trotzdem: Es gibt wohl kaum einen Menschen, der nicht von der Sixtinischen Kapelle beeindruckt ist: von dem Raum, den Bildern, besonders sicher von Michelangelos »Jüngstem Gericht«.

»Ehrenbürger dieser Stadt zu sein, halte ich für die größte Auszeichnung«

Mein Hamburg

Sie sind Ehrenbürgerin der Freien und Hansestadt Hamburg – was bedeutet Ihnen das?

Darauf bin ich wirklich stolz. Ehrenbürgerin bin ich aber erst seit kurzer Zeit, seit Februar 2009. Das ist für mich die größte Ehrung, die einem Hamburger widerfahren kann. Übrigens, mein lieber Mann ist auch Ehrenbürger. Er ist es schon ein bisschen eher geworden als ich, im Jahr 1983. Nein, Ehrenbürger dieser Stadt zu werden, halte ich wirklich für die größte Auszeichnung, die einem widerfahren kann.

Wenn Sie einem Besucher, der noch nie in Hamburg war, fünf, sechs Orte in Ihrer Heimatstadt zeigen sollten – was würden Sie ihm zeigen?

Ich überlege im Augenblick, von wo ich ihm den Michel zeigen würde, denn der Michel ist nun mal Hamburg, und da muss jeder hin – und gerade jetzt, da er so beeindruckend restauriert worden ist.

Und wo ginge es los?

Wahrscheinlich würde ich von der Lombardsbrücke kommen. Von der Lombardsbrücke, da hat man die Hamburger Türme – die Kirchtürme, aber auch den Turm des Hamburger Rathauses, der durchaus in die Reihe passt – so wunderbar vor sich. Das Ganze als typische Silhouette Hamburgs. Und dann von der Lombardsbrücke der Blick auf Außen- und Binnenalster. Natürlich muss man, vom Michel kommend, unten in den Hafen zu den Landungsbrücken gehen, das ist klar. Eine kleine Hafenrundfahrt ist vielleicht auch ganz zweckmäßig. Früher wäre ich dann bei einer Hafenrundfahrt auch in einen Kaischuppen gegangen, das kann man aber heute nicht mehr, und es lohnt sich auch nicht mehr, weil der größte Verkehr ja mit Containern gemacht wird. Aber sich in einem Fischrestaurant hinzusetzen – oder auch, wenn man mehr Zeit hat, in Blankenese – und mal die Schiffe ein- und auslaufen zu sehen, das gehört auch zu Hamburg. Von den Landungsbrücken kann man die alte Hafenanlage sehen, und wenn man sich umdreht, sieht man hinter sich, dass Hamburg nicht eine ebene Fläche ist, sondern mit dem Geestrücken durchaus auch Höhen hat. Und dass auf diesem Abhang, dem sogenannten Stintfang, ein bisschen Wein wächst, kann man als Kuriosum hinzufügen. Der Wein wird übrigens, das wissen Sie, durchaus geerntet und gekeltert, und so gibt es einige Flaschen echten Hamburger Weins. Der wird aber nur an Staatsgäste verschenkt. Ich habe noch nie welchen probiert, kann also nicht sagen, wie er schmeckt; ich weiß auch nicht mal, ob es roter oder weißer ist, das müsste man als Hamburger eigentlich wissen.

Es gibt weiße und rote Rebsorten, aber mehr als fünfzig Flaschen pro Ernte sind es meistens nicht. Und der nächste Besuchsort?

Es kommt auf den Besucher an – wenn er sich für Pflanzen interessiert, würde ich mit der S-Bahn nach Ohlsdorf fahren und mit ihm auf den Ohlsdorfer Friedhof gehen, denn das ist ein so wunderbarer, ja auch riesengroßer Park …

… von der Fläche zweieinhalbmal so groß wie der Hamburger Stadtpark …

Dass der in einer Großstadt zu finden ist, ist ja schon beinahe ein Abenteuer. Dann würde ich wieder zurück in die Stadt, und zwar in die kleinen Krameramtsstuben, gehen, um zu zeigen, wie man früher mal in Hamburg gelebt hat. Und letztlich müsste man sich auch Fleete angucken – da kann man ja vom Rathausmarkt aus gut starten –, und möglichst bei ab- oder auflaufendem Wasser, denn Besucher, die Ebbe und Flut nicht kennen, können sich ja gar nicht vorstellen, dass man in der Großstadt Hamburg die Gezeitenflüsse erleben kann.

Ich glaube, der Tag wäre um: Lombardsbrücke mit Außen- und Binnenalster, Michel, Hafen mit Rundfahrt,

Ausflug nach Ohlsdorf und zurück zum Rathausmarkt, Fleete und die Krameramtsstuben anschauen.

Ja, das sind für mich die wichtigsten Sachen.

Vor längerer Zeit hat Ihr Mann seiner Heimatstadt ins Stammbuch geschrieben, sie sei ein wenig zu schläfrig.

Dieser Aufsatz, den er anstelle seines Namens mit drei Sternchen gezeichnet hat, ist uralt.

Ja. Im Moment hat man ja auch den Eindruck, Hamburg boomt. Was halten Sie zum Beispiel von der Hafencity? Ist es eine gute Investition, dass die Stadt sich hier zum Wasser hin öffnet?

So richtig kann ich das nicht beurteilen, weil ich ja nicht mehr so viel rauskomme. Ich bin zwar mit Helmut dort mal mit dem Auto rumgefahren, damit ich sehe, was sich da tut, aber das ist etwas anderes, als wenn man eine Sache in Ruhe betrachtet und sie auch erwandert. Beeindruckend ist die neue Architektur schon, aber ich weiß auch, dass ich bei der Hafencity, besonders bei einem Gebäude der Hafencity, Vorbehalte habe.

Welches ist das?

Es handelt sich um den Kaispeicher A, den kenne ich gut, von innen und außen. Ich habe ja mal vor nun über zwanzig Jahren versucht, dass wir in Hamburg wieder ein Naturkundemuseum bekommen. Und außer dem Sternschanzen-Wasserturm hatte ich den Kaispeicher A im Visier und habe ihn genau untersucht und für geeignet gehalten. Und nun wird da plötzlich eine Glaskuppel obendrauf gesetzt, und es soll dort Musik gemacht werden, was ich natürlich auch nicht schlecht finde. Nur bin ich vorbelastet und denke immer noch an mein altes Projekt.

Aber glauben Sie nicht, dass die Elbphilharmonie ein neues Wahrzeichen werden könnte für Hamburg?

Ja, sicher! Stellen Sie sich vor: Nachmittags- oder frühe Abendsonne, Sie stehen auf dem Süllberg oder kommen mit der Fähre oder einem Kreuzfahrer auf Hamburg zu, und die Sonne spiegelt sich da in diesen Glasfenstern – das muss doch fabelhaft sein!

Im Moment wird ja sehr viel über die Kosten gesprochen. Meinen Sie, die Stadt sollte sich diese Investition erlauben? Es wird ja doch wesentlich teurer werden, als man vorausgesagt hat.

Da bin ich gespalten. Das hängt damit zusammen, was ich als Kind in einem Arbeiterhaushalt erlebt habe. Ich habe nie gelernt, viel Geld auszugeben, sondern ich habe im Gegenteil gelernt, knickerig zu sein, weil schlicht meistens kein Geld da war. Nur, dass ein solches Projekt Riesenkosten verursacht, das ist mir schon vorher klargeworden, und ich habe die ersten Schätzungen für viel zu niedrig gehalten.

Vielleicht *weil* ich im Kaispeicher A herumgelaufen bin und vielleicht *weil* ich wusste, was es da zu tun gibt. Und dann reichte meine Phantasie durchaus aus, um mir vorzustellen, was da obendrüber entstehen soll und wie teuer das sein würde.

Also mit dem Bau aufhören?

Nein, natürlich nicht! Wenn man so ein Vorzeigeobjekt in einer Großstadt haben will, dann darf man auch nicht auf den Pfennig gucken. Dass wir im Augenblick weltwirtschaftlich eine Situation haben, in der man es sich eigentlich nicht erlauben kann, ist eine andere Sache. Das müssen die Leute abwägen, die dafür verantwortlich sind. Aber es könnte am Ende tatsächlich nicht nur ein Vorzeigeobjekt, sondern es könnte ein Wahrzeichen werden, vor allem ein Begrüßungszeichen für einlaufende Schiffe.

Frau Schmidt, Sie hatten schon als Kind ein großes Interesse an der Stadt, ich weiß, dass Sie mit Ihrem Vater durch Hamburg gestreift sind …

Nein, nicht für die Stadt, das ist falsch – für Architektur!

Gab es ein Lieblingsgebäude damals?

Nicht *ein* Gebäude. Natürlich von der alten Lombardsbrücke der Blick auf die Stadt – das war ein Lieblingsblick, wohl für jeden Hamburger. Darüber hinaus waren es die Bauten, die unter Fritz Schumachers Regie in Hamburg entstanden sind, also die Backsteinbauten. Die Backsteinbauten der zwanziger Jahre, das sind meine Lieblingsbauten. Da sind ja auch ganze Stadtteile entstanden wie der Dulsberg, die Jarrestadt oder die Veddel. Zum Teil sind die mir dann ein bisschen steril gewesen. Aber grundsätzlich fühle ich mich in Klinkerbauten oder *vor* Klinkerbauten zu Hause, da habe ich ein Heimatgefühl.

Und gibt es ein besonderes Gebäude, das Sie herausstellen würden?

Da würde ich wohl das Chilehaus nennen, ein riesiges Kontorhaus aus Backstein, aber nicht von Schumacher, sondern von Fritz Höger gebaut. Vorne an der Spitze sieht es aus wie ein Schiffsbug. Fabelhaft! Übrigens heißt es Chilehaus, weil der Bauherr, ein Reeder, sein Geld mit Salpeter aus Chile verdient hat.

Hamburg hat sieben große staatliche Museen. Gibt es eines, zu dem Sie eine besondere Beziehung haben?

Natürlich habe ich zur Kunsthalle eine besondere Beziehung, denn ich habe die Kunsthalle als Lehrerin mit meinen Klassen häufiger besucht. Da habe ich übrigens immer Mütter oder auch Väter, wenn sie Zeit hatten, mitgenommen – aus zwei Gründen: einmal zum Aufpassen, denn so kleine Klassen wie heute gab es nicht. Aber zum anderen auch, weil ich gemerkt hatte, dass die Eltern die Kunsthalle auch nicht von innen kannten.

Und wie war deren Interesse?

Das Interesse der Eltern war wirklich groß. Wir haben aber nicht die ganze Kunsthalle durchschritten, sondern ich habe mir ein Bild ausgesucht, das meiner Meinung nach für die Kinder von Interesse war, und dann haben sie sich davor auf den Fußboden gesetzt. Ich habe die Kinder eigentlich nur aufgefordert: Erzählt mal, was ihr da seht.

Waren das auch mal die berühmten »Hülsenbeckschen Kinder« von Philipp Otto Runge, das Bild mit den drei Kindern, eins davon im Bollerwagen, über die bereits Alfred Lichtwark seine Museumsgespräche mit Hamburger Schülerinnen geführt hat?

Unter anderem auch die »Hülsenbeckschen Kinder« mit dem damals noch ländlichen Eimsbüttel im Hintergrund, aber auch andere Gemälde. Ich war da ja mit allen meinen Klassen. »Bollerwagen« sagte man hier übrigens nicht, das Wort haben Sie wohl aus dem Ruhrgebiet mitgebracht, Herr Lehberger. Hier sagte man eher »Blockwagen«.

Frau Schmidt, Sie haben doch auch ein besonderes Verhältnis zum Kunst- und Gewerbemuseum, oder?

Das aus einem anderen Grunde. Also, die Kunsthalle habe ich geschätzt, weil es erstaunlich ist, was Kinder an einem großen Gemälde sehen, im Gegensatz zu den Erwachsenen. Die Kinder sehen dann plötzlich irgendwo eine Locke oder einen Käfer, den man noch gar nicht entdeckt hatte. Während des Studiums – ich wollte ja möglichst schnell fertig werden, um Geld zu verdienen – habe ich mir ein leichtes Wahlfach genommen, nämlich Nadelarbeit. Bei dieser Wahl spielte das Museum für Kunst und Gewerbe eine gewisse Rolle.

Warum?

Ich hatte vorher schon im Museum für Kunst und Gewerbe entdeckt, dass es vielfältige Nadelarbeiten im weitesten Sinne gab: Webereien, natürlich Gobelins, aber auch ganz feine Stickereien. Ich habe dann zu Hause versucht, sie nachzumachen. Mit dem Erfolg, dass die Dozentin in Nadelarbeit bereits nach einem Semester sagte: »Wenn du willst, kannst du das Fach wechseln.« Sie duzte mich einfach. »Ich hab mir von dir so viel abgeschaut; bei mir kannst du nichts mehr lernen.« Das kam, weil ich im Museum nicht nur sorgfältig hingeguckt, sondern zu Hause immer auch sofort versucht hatte, das nachzumachen.

Überall in Deutschland sagt man, die Hamburger seien steif und unnahbar. Sie haben ja nun lange Zeit auch woanders gelebt und andere Mentalitäten kennengelernt …

Ich kenne das natürlich seit Kinderzeiten, dass wir Hamburger angeblich steif sind – aber bitte »ssteif«, nicht »schteif« –, und habe während der ganzen Bonner Zeit erlebt, wie oft die Menschen verwundert waren, dass man mit mir ganz normal umgehen konnte. Natürlich ist da auch ein Vorurteil drin! Aber dass Norddeutsche insgesamt ein anderes Temperament haben als Süddeutsche, das ist klar. Und wenn man in der Geschichte mal sehr weit zurückgeht und überlegt, welche Völkerschaften, die ja alle auch Stammeseigenschaften hatten und genetisch bestimmt nicht eines Blutes waren, hier über Deutschland hinweggezogen sind, dann ist das überhaupt kein Wunder. Und es ist doch auch schön, dass es Unterschiede gibt!

Meine letzte Frage: Langenhorn ist ja nun nicht gerade ein Nobelvorort von Hamburg. Warum wohnt Familie Schmidt nicht an der Alster oder an der Elbe?

Gegenfrage: Warum sollten wir an der Alster oder an der Elbe wohnen, wo wir hier doch so schön wohnen?

Weil Sie arrivierte Leute sind, und arrivierte Leute wohnen in Hamburg nun mal an der Alster oder an der Elbe.

Vielleicht irren Sie sich, und wir sind gar nicht arriviert in Ihrem Sinne. – Nein, das sind wir natürlich; diese Frage haben uns gelegentlich auch schon andere Leute gestellt. Warum sollten wir aber woandershin ziehen? Wir haben hier inzwischen ja zwei Häuser, unseres und das meiner Schwiegereltern. Wir haben also jede Menge Platz, wir haben uns genau wie unsere Nachbarn mit Büschen und Bäumen umgeben, hier kommt – in diesem kalten Winter 2010 natürlich noch mehr als früher – alles Mögliche an Vögeln und wilden Tieren her, warum sollten wir woandershin ziehen?

Das hört sich überzeugend an!

»*Die Folgen waren für viele schrecklich!*«

Feuersturm und Flutkatastrophe

Frau Schmidt, Hamburg hat in Ihrer Lebensspanne zwei große Katastrophen erlebt, das waren der Feuersturm und die Flutkatastrophe.

Das kann man überhaupt nicht miteinander vergleichen! Das eine war von Menschen gemacht, das andere eine Naturkatastrophe.

Dennoch bleiben subjektive Erinnerungen an beide Ereignisse.

Vom Feuersturm habe ich etwas ganz anderes erlebt als zum Beispiel meine Eltern, die in Hamburg mittendrin waren. Ich war nämlich an der Ostsee bei Kühlungsborn. Da gab es einen großen Schießplatz der Wehrmacht, und da war mein Mann, und es waren große Ferien. Was tut also ein Weib? Es eilt zu seinem Mann – das ist ganz klar.

Wir sprechen von den Sommerferien 1943.

Ja. Und morgens beim Aufwachen sah das schon so diesig aus, und als wir rausguckten, sahen wir die Sonne in einem Grauschleier – riesig groß. Und da kamen die ersten Gerüchte: »Hamburg brennt!« Bis nach Kühlungsborn oben an der Ostsee sind die Rauchschwaden also gezogen und haben den Himmel schon ein wenig verdüstert.

Sind Sie dann dort geblieben?

Ich ja, aber Helmut ist losgefahren und hat versucht, auszukundschaften, wie es unseren Familien geht. Er hat aber gesagt: »Du bleibst hier«, was auch richtig war, denn in dem Tohuwabohu wären wir ja gar nicht vorangekommen. In Bergedorf fand er dann ein altes Fahrrad ohne Reifen und ist auf den Felgen damit in der Stadt herumgefahren. Als er am nächsten Tag zurückkam, konnte er mir dann berichten: »Es scheint, als ob sowohl deine als auch meine Eltern überlebt haben«, und die und die Verwandten auch. Denn an den Hausruinen meiner Eltern klebte ein Zettel: »Wir sind in Neugraben.« Da hatten sie eine Art Schrebergartenbude, und meine Schwiegereltern und die anderen Verwandten waren nach Sasel in den Schrebergarten der Familie gezogen und haben da in einem Schrebergartenhäuschen mit ich weiß nicht wie vielen anderen übernachtet.

Wann sind Sie nach Hamburg zurückgefahren?

Als die Ferien zu Ende waren. Die Schule war zwar geschlossen, aber als der Zugverkehr wieder einigermaßen funktionierte, bin ich nach Hamburg gefahren. Bis Bergedorf ging das ja noch gut. Dann aber sah man vom Zug aus die ersten Ruinen. Ich kann nur sagen, ich habe wirklich mit zitternden Knien am Fenster gestanden.

Und Ihre Eltern?

Der Zug nach Neugraben funktionierte wieder, und dann bin ich durch die Heide gewandert und habe meine Eltern und die anderen Verwandten in zwei kleinen Buden auf dem Grundstück meiner Großeltern vorgefunden. Ich habe meinen Vater gefragt; meine Mutter war noch – ja, wenn ich sage, »nicht vernehmungsfähig«, ist das ein falscher Ausdruck …

… nicht ansprechbar darauf …

Sie hatte das, was hinter ihr lag, noch gar nicht richtig verkraftet. Mein Vater sagte: »Wir sind zu Fuß von Horn losgegangen, als der ganze Block, in dem wir wohnten, brannte. Und dann«, so mein Vater, »haben wir versucht, uns langsam nach Süden vorzuarbeiten. Über die alte Elbbrücke funktionierte das noch, aber da waren Ströme von Menschen, die alle versuchten, nach Süden auszuweichen.« Und dann hat mein Vater gesagt: »Ich weiß nicht, was schlimmer war: die verkohlten Leichen oder die am Asphalt festgeklebten Menschen. Und nun frag bitte nicht weiter.«

Gab es da nur Entsetzen oder auch Wut – auf die Briten oder vielleicht auch auf die Nazis?

Bei meinem Vater? Reines Entsetzen! Noch nicht das Gefühl, wir sind lebend davongekommen, das ist natürlich später auch gekommen. Nein, bei meinem Vater war das schieres Entsetzen darüber, dass Menschen so umkommen mussten. Das war deutlich zu spüren. Später haben wir dann festgestellt, dass seine ältere Schwester und ihr Mann in Hammerbrook umgekommen sind, was man sich ja leicht vorstellen konnte, denn da war ja nichts heil geblieben.

Wut war also durch Entsetzen ersetzt.

Wut, das kam alles später. Bei meinem Vater war es ganz eindeutig das Entsetzen, dass Menschen auf so schreckliche Weise ihr Leben verlieren mussten. Die meisten der verbrannten Menschen waren ja schnell tot gewesen – er hat mir aber später erzählt, dass einige von denen, die im Asphalt klebten, noch leichte Lebenszeichen von sich gegeben hatten, aber man konnte ihnen ja nicht helfen. Und außerdem: Ich glaube, in so einer Situation ist jeder erst einmal sich selbst der Nächste und versucht, sich selbst zu retten. Ich kann das nicht beurteilen.

Ist später noch einmal Wut über diese Luftangriffe bei Ihnen aufgekommen?

Nein, es blieb vor allem die Trauer.

Leid über die Stadt hat natürlich auch die Flutkatastrophe in großem Maße gebracht. Wo waren Sie, wo haben Sie gewohnt, im Februar 1962?

Bereits hier in Langenhorn. Bei uns sind zwei Dinge zusammengekommen. Helmut war bei einer Tagung irgendwo außerhalb Hamburgs. Aber wir hatten, oder *ich* hatte ein »Pflegekind«, und zwar eine junge Frau, die mit ihren Eltern in der DDR gelebt hatte. Der Vater war Arzt und hatte die Kaserne in Bernau, in der Helmut während des Krieges gelegen hat, zu betreuen. Wir hatten uns ein bisschen mit ihm und seiner Frau angefreundet. Und just in dieser Nacht vom 16. auf den 17. Februar waren diese Eltern auf der Flucht aus der DDR nach Hamburg.

In der Nacht der Sturmflut also …

Ja, es gehört für mich eben zu der Sturmflut dazu, und deshalb erzähle ich es so ausführlich, weil es zeigt, was das für eine verrückte Zeit war. Die Eltern sind heimlich, ich glaube, nach Rostock gefahren. Da gab es noch Fährschiffe nach Dänemark. In Rostock sind sie abends von Berlin aus angekommen, aufs Fährschiff gegangen und mit gefälschten Pässen, die Helmut ihnen besorgt hatte, auch tatsächlich in Dänemark gelandet.

Und wann trafen sie in Langenhorn ein?

Zumindest, bevor ich so richtig von der Sturmflut erfahren hatte. Dazu gesellten sich noch die zwei anderen Töchter, die in Berlin studierten und ihre Eltern begrüßen wollten.

Da waren Sie ja von der Sturmflut erst einmal abgelenkt.

Ja, immerhin hatte ich fünf Leute im Hause, Helmut war irgendwo auf seiner Tagung und kam dann abends dazu. Da haben wir erst mal ein mehr oder minder fröhliches Wiedersehen gefeiert. In der Nacht hat die Sturmflut begonnen, aber Helmut war – so meinten seine Leute in der Polizeizentrale – ja auf einer Tagung, den konnten sie ja nicht erreichen.

Wann ist Ihr Mann informiert worden?

Mitten in der Nacht ist hier angerufen worden. Einer der Polizisten hat wohl gedacht, der Senator ist vielleicht doch zu Hause, und hat es versucht. Und dann ist Helmut von einem Polizeiauto mit Tatütata abgeholt worden; da saßen die Leute in Wilhelmsburg aber schon auf den Dächern.

Sie hier in Langenhorn haben die Flutkatastrophe dann eher durch die Berichte Ihres Mannes als durch eigene Anschauung erlebt?

Helmut hat mich, als er in der Behörde war und merkte, was los war, angerufen und gesagt: »Du musst den Neubergerweg langgehen, bei den Leuten klingeln und sagen, dass sie auf jeden Fall das Wasser abkochen müssen. Ich weiß nicht, ob die Wasserversorgung funktioniert, ob irgendwo Rohre gebrochen sind.«

Und sind Sie dem gefolgt?

Das war ja in der Zeit, als diese Siedlung noch ziemlich neu war, und es waren viele kleine Kinder und Säuglinge hier. Ich bin also los bei Sturm, erst auf dieser Seite des Neubergerwegs, von Tür zu Tür – »Wasser abkochen!«. Dazu muss ich sagen, dass alle Leute durch das Geheule des Windes schon wach waren und nichts Genaues wussten, aber in Alarmbereitschaft waren. Und als ich den Neubergerweg ungefähr bis zur U-Bahn war, kam jemand von der anderen Straßenseite und sagte: »Frau Schmidt, jetzt gehen Sie mal nach Hause und ruhen sich aus.« Der hat dann weitergemacht.

Haben Sie Ihren Mann in diesen Tagen überhaupt gesehen?

Er ist zwischendurch mal gekommen, hat sich etwas Frisches oder Wärmeres angezogen und ist sofort wieder los.

Wie hat er das ausgehalten?

Mein Mann ist in Krisen schon sehr belastbar gewesen.

Die Rettung vieler Menschen in dieser Katastrophe ist eng mit dem Namen Helmut Schmidt verbunden.

Er hat das Glück gehabt, dass er bei irgendwelchen Übungen oder Tagungen einen amerikanischen General kennengelernt hatte und Franzosen auch. Sie wissen ja, dass mein Mann nicht gerade mundfaul ist. Jedenfalls hat er gesagt: »Wir brauchen hier eure Hilfe – halb Hamburg steht unter Wasser.«

Und das hat glücklicherweise geklappt.

Ja. Die haben gefragt: »Was braucht ihr?« Da hat Helmut gesagt: »Erst einmal Hilfskräfte, Hubschrauber, Wolldecken.« Wenn Helmut bei diesen Menschen mit Einfluss und ja auch Macht nicht so bekannt gewesen wäre, hätte manches nicht so gut funktioniert. So sind Hubschrauber gekommen, die die Menschen ja zum Teil von den Dächern geholt haben. Sie haben auch Decken und Medikamente gebracht. So konnte die Katastrophe ein wenig eingedämmt werden, aber nur ein wenig. Die Folgen waren für viele schrecklich!

Vor einiger Zeit gab es einen Film über die Flutkatastrophe, in dem Ulrich Tukur Ihren Mann spielt.

Der war nicht schlecht gemacht, und der Tukur hat meinen Mann sehr gut gespielt. Ich finde den Tukur überhaupt fabelhaft!

»Der besonderste Geburtstag in unserer Familie war der meiner Großmutter«

Geburts- und Feiertage

Frau Schmidt, Ihre prächtigen Weihnachtssterne sehen ein wenig schlapp aus. Haben die ausgeblüht?

Nein, dann haben sie nicht genug Wasser.

Ich habe meine allerdings immer spätestens Ende Januar entsorgt.

Das kann man machen, denn die blühen natürlich, und irgendwann haben sie ausgeblüht. Oben in diesem roten Stern sieht man ja die eigentlichen Blüten. Das Rote ist ja nur da, um anzulocken, und das ist dann etwas größer gezüchtet. Wenn sie bestäubt werden, bilden sie kleine Samenkapseln, und dann fallen die Schaublütenblätter ab, und die Samen reifen. Und nächstes Jahr blühen sie wieder, sie haben einen ganz normalen Zyklus wie andere Pflanzen auch.

Die kann man also durchaus stehen lassen nach Weihnachten?

Sie können sie auch abschneiden, ein wenig zurückschneiden und ein bisschen neuen Dünger geben –

irgendwann bilden sie dann wieder kleine Blüten, aber die werden nie so prunkvoll, wie sie jetzt sind. Ich habe das versucht, aber sie machen nicht so viele schöne Schaublätter und haben dann nicht mehr diese prachtvollen Sterne.

Frau Schmidt, wie haben Sie eigentlich in den letzten Jahren Ihren Geburtstag gefeiert?

Gar nicht.

Ist wirklich gar nichts passiert?

Ich bekomme jedes Jahr von meinem Mann einen großen Blumenstrauß. Er hat mal angefangen – ich glaube, als ich sechzig wurde –, mir sechzig rote Rosen zu schenken. Die hat er vorher bestellen müssen, damit sie alle gleich sind.

Und die Familie?

Seit wir wieder in Hamburg sind, laden wir – nicht gerade an meinem Geburtstag, sondern an einem Wochenende davor oder danach, weil die Jüngeren ja alle arbeiten müssen – unsere Verwandten und deren Kinder ein, und dann sind hier Menschen von sieben, acht bis siebzig Jahren, so ungefähr.

Das ist sozusagen Ihr Beiprogramm zu Ihrem Geburtstag.

Es ist unser Sippentreffen, so nenne ich das, nicht meine Geburtstagsfeier.

Zum Geburtstag Ihres Mannes laden Sie aber immer im kleinen Kreis zu einem Essen ein.

Einen klar überschaubaren Kreis. Aber das machen wir dann wirklich auch an seinem Geburtstag. Das sind Freunde, die zwar noch nicht so alt sind wie wir, aber …

… *auch schon etwas betagter* …

… und die arbeiten nicht mehr so viel, sodass sie am Geburtstag selbst auch kommen können.

Frau Schmidt, man feiert seine runden Geburtstage, den fünfzigsten oder den sechzigsten. Haben Sie einen davon groß gefeiert?

Meinen fünfundachtzigsten Geburtstag haben wir verhältnismäßig groß gefeiert, weil ich hörte, dass von meiner Stiftung etwas gemacht werden sollte, und da haben wir das alles zusammengelegt. Da gab es eine größere Feier mit Reden und Buffet im Barlach-Haus im Jenischpark.

Geburtstage werden im Hause Schmidt also eher klein gefeiert. Das ist bei mir auch so. Aber aus meiner Kinderzeit und auch von meinen eigenen Kindern erinnere ich, dass Geburtstage schon etwas Besonderes waren.

Das waren sie bei uns natürlich auch. Aber der besonderste Geburtstag in unserer Familie war der Geburtstag meiner Großmutter am 28. Juli. Der wurde, solange ich erinnern kann, groß gefeiert. Als ich noch ein kleineres Kind war, war es Sache der vier Töchter meiner Großmutter, selbstgedichtete Lieder und selbstgemachte Theaterstücke vorzuführen – wir Kinder wurden natürlich alle mit eingesetzt –, und meine Großmutter kochte einen Riesentopf Saure Suppe.

Was ist Saure Suppe?

Saure Suppe ist ein Nationalgericht hier in Norddeutschland; meistens sagen die Leute »Aalsuppe«, was irreführend ist, denn Aal gehört eigentlich nicht darein. Das kommt wahrscheinlich, weil es Plattdeutsch war – *de Supp, wo all in is*, das heißt, die Suppe, wo alles drin ist. Aber jetzt, da die Leute kaum noch Platt sprechen, tun viele auch noch kleine abgezogene Aalstücke in diese Suppe.

Und wodurch wird sie sauer?

Durch Essig. Zunächst wird ein Schinkenknochen mit ein bisschen Fleisch dran gekocht. Und dann kommen Wurzeln, frische Erbsen, Porree hinein, möglichst kein Sellerie, der hat zu viel Eigengeschmack, so war es bei uns jedenfalls. Und in diese dicke Schinkenknochenbrühe kommt dann Backobst. Auf jeden Fall Backpflaumen, Apfelringe und entweder getrocknete Pfirsiche oder getrocknete Aprikosen. Die müssen da rein! Wenn das Ganze so gut wie gar ist, werden – da unterscheiden sich die Familien – ganz zarte Mehl-Schwemmklößchen hineingetan. Also Mehl mit Wasser und Ei verrührt und mit dem Esslöffel kleine Klöße geformt. Zum Schluss, das ist sehr wichtig, sehr viel gehackte Petersilie und gehacktes Bohnenkraut. Viele lassen auch schon Bohnenkrautstängel die ganze Zeit mitkochen. Dieser Geschmack vom Bohnenkraut gehört dazu. Dann wird der Schinkenknochen rausgeholt, das inzwischen weiche Fleisch in kleine Stücke geschnitten und wieder hineingetan.

Das ist ja ein ziemliches Kunterbunt – aber wohl nahrhaft.

Dann wird das Ganze auch noch, falls es noch nicht sämig genug ist, so ein ganz klein bisschen angedickt. Es ist also *all drin* – alles drin. Es ist drin: die Suppe, der Hauptgang – das Gemüse mit dem Fleisch – und der Nachtisch, nämlich das Backobst.

Daher der Name »Aalsuppe«. Der Geburtstag Ihrer Großmutter war also ein großes Familienfest.

Das war immer ein großes Familienfest, da hatte man zu erscheinen.

Wurde Ihr eigener Kindergeburtstag auch gefeiert?

Doch, ich durfte auch einladen, aber eigentlich erst, als ich schon in der Lichtwarkschule war, also ab zehn. Doch, mein Geburtstag wurde gefeiert, denn die anderen Kinder feierten ja auch ihren Geburtstag, und man musste sich ja revanchieren.

Als Lehrerin sind Sie doch sicher auch auf die Geburtstage der Kinder eingegangen, oder?

Ja, natürlich muss man auf Schulkinder ein bisschen eingehen. Ich weiß, dass ich ihnen verhältnismäßig bald nach dem Krieg auch ein kleines Blumenkränzchen auf ihren Platz gelegt habe, aber das habe ich später nicht mehr gemacht. Und ich habe ja jeden Morgen ein Lied mit meiner Klasse gesungen, damit ging bei mir die Schule los, und am Geburtstag durfte das Kind sich das Lied wünschen. In manchen Jahren durften sie sich auch für die letzte Stunde etwas wünschen. Da haben sich die meisten Vorlesen gewünscht.

Sie haben in Ihrem Leben mit Sicherheit sehr häufig Empfänge oder größere Geburtstage von Politikern oder anderen Persönlichkeiten mitgemacht. Ist Ihnen irgendetwas besonders in Erinnerung geblieben?

Also, meistens ist es ja das Übliche: einige Reden und ein kaltes Buffet, das irgendwo herumsteht, und Kellner gehen mit Getränken herum. Aber bei einem Ministergeburtstag sagte das Geburtstagskind zu mir: »Da am Fenster steht der zukünftige Präsident der Max-Planck-Gesellschaft.«

Reimar Lüst?

Der Geburtstagsminister wusste, dass ich Konrad Lorenz sehr schätzte, seine Bücher verschlang, ihn aber noch nie gesehen hatte. Und da habe ich mich Reimar Lüst vorgestellt. Wir haben dann sofort angefangen zu klönen, und ich habe ihn gefragt, ob er mal vermitteln könnte, dass ich Konrad Lorenz kennenlerne. Da hat er gesagt: »Ich muss sowieso mit der Zeit alle Institute der Max-Planck-Gesellschaft besuchen, dann können wir ja als Erstes gemeinsam nach Seewiesen fahren.« So hat meine Bekanntschaft und inzwischen lange Freundschaft mit Reimar Lüst angefangen.

Und gleichzeitig haben Sie Konrad Lorenz auf diese Art und Weise kennengelernt.

Und auf diese Weise habe ich Konrad Lorenz und seine Frau kennengelernt, die sich auch dafür interessierte, was ich so machte. Ich habe ihr ein bisschen erzählt von gefährdeten Pflanzen und meinen Plänen zum Naturschutz. Und zum Abschied hat sie mir einen kleinen Silberkorb geschenkt, obwohl ich ja gar nicht Geburtstag hatte. Den haben wir heute noch.

Alles getoppt hat sowohl der neunzigste Geburtstag Ihres Mannes als auch Ihr eigener neunzigster Geburtstag: unzählige Zeitungsartikel, Sendungen im Fernsehen und Radio. Ihr Mann sprach von einem Tsunami!

Wie sehen Sie das im Nachhinein – große Freude, oder war das schon fast eine Belastung?

Ihre Erinnerung ist sehr kurz – an meinem Geburtstag waren wir nämlich beide krank.

Stimmt, an dem Tag selbst waren Sie krank, aber danach hat es viele Feiern gegeben. Ich erinnere mich zum Beispiel an die schöne Feier in der Albert-Schweitzer-Schule …

… mit dem schönen Musikprogramm der Schulkinder …

… und dann die wunderbare Feier in der Bucerius Law School.

Ja, das war hübsch gemacht mit den verschiedenen kurzen Reden auf Helmut von seinen Freunden. Selbst Valéry Giscard d'Estaing und Henry Kissinger waren gekommen. Und wo unsere Tochter uns beschwindelt hat.

Warum beschwindelt?

Die kam nach Hamburg und sagte: »Ich bin auch eingeladen.« Und plötzlich stand sie da am Abend auf der Bühne und hat eine sehr rührende Rede auf ihren Vater gehalten.

Und auf Sie. Ich kann mich erinnern, dass sie von den besten Eltern der Welt gesprochen hat. Frau Schmidt, neben den Geburtstagen spielen Hochzeitstage in einem

Leben eine Rolle. Wird der Hochzeitstag bei Ihnen regelmäßig gefeiert?

Schon länger nicht mehr. Seit wir so alt sind, laden wir uns so was nicht mehr auf. Aber natürlich erinnert man sich. Nun ist unser Hochzeitstag einen Tag vor dem Geburtstag meines Schwagers, Helmuts jüngerem Bruder, sodass man unwillkürlich an beides denkt. Es gibt aber weder etwas Besonderes zu essen, noch sind Leute eingeladen, noch passiert irgendwas, außer dass man sich dran erinnert.

Eigentlich ist es ja so, dass Männer den Hochzeitstag durchaus schon mal vergessen, aber Frauen nie. Haben Sie dafür eine Erklärung?

Ist das tatsächlich so, oder ist das ein Gerücht? Es kann damit zusammenhängen, dass früher die Frauen meist keinen Beruf hatten, sondern sich ums Haus zu kümmern hatten, da haben die natürlich an solche Tage gedacht. Und die Männer, die hatten wahrscheinlich die Verhandlung mit ich weiß nicht wem im Kopf und haben dann an den Tag nicht gedacht. Dieses Gerücht hält sich ja seit langer Zeit. Irgendjemand, der nichts anderes zu tun hat, kann ja mal durch Umfragen ermitteln, ob das heute noch stimmt.

Die Goldene Hochzeit haben Sie lange hinter sich, das Nächste wäre der siebzigste Hochzeitstag, die sogenannte »Gnadenhochzeit«!

Ich finde diese vielen seltsamen Namen wirklich etwas übertrieben. Aber den siebzigsten Hochzeitstag, den möchten wir schon noch gemeinsam erleben. So alt wie Adenauer zu werden, das war bis vor kurzem unser Ziel, das haben wir inzwischen ja nun beide geschafft.

»Kartoffelsalat mit Würstchen«

Weihnachten im Hause Schmidt

Frau Schmidt, einen Tag vor Weihnachten hat Ihr Mann Geburtstag. So dicht beieinander ist das ja ganz schön schwierig. Wie sehen diese Tage bei Ihnen aus?

Unseres Alters wegen unterscheiden sie sich nicht wesentlich von den anderen Tagen. Das heißt, Helmut sitzt dreimal die Woche in seinem Büro bei der *Zeit*. Zwischen Weihnachten und Neujahr geht er aber nicht in die Zeitung, er würde dort wohl auch kaum jemanden empfangen können, der mit ihm ein Gespräch führen wollte. Die Menschen sind ja nicht nur bei uns in Deutschland auf Weihnachten eingestellt. Sie wollen keine gravierenden, tiefschürfenden Probleme wälzen, und ich glaube, auch wenn es im Augenblick drängende Fragen, zum Beispiel wegen Afghanistan und der deutschen Soldaten dort, gibt, über Weihnachten wollen sich die Leute nicht mit so etwas belasten.

Gibt es bei den Schmidts einen Weihnachtsbaum und eine Bescherung?

Nein, das hat es die letzten Jahrzehnte nicht mehr gegeben. Als unsere Tochter, die ja nun auch schon im Rentenalter ist, noch regelmäßig kam, habe ich zumindest einen großen Zweig, meistens einen Kiefernzweig, in eine Bodenvase gestellt. Kiefern mit ihren sehr viel längeren Nadeln finde ich dekorativer als Fichte oder Tanne. Und so eine große Bodenvase mit Kugeln, manchmal hatte ich auch Sterne selbst gemacht, ist ganz dekorativ.

Und gibt es einen Tannenbaum?

Ich kann mich überhaupt nicht mehr erinnern, wann es bei uns zuletzt einen Tannenbaum gegeben hat. Wir haben eine Zeitlang – das muss so dreißig Jahre her sein – draußen im Garten einen Nadelbaum hingestellt und ihn mit elektrischen Kerzen bestückt. Das heißt, man hatte einen beleuchteten, aber nicht behängten Glitzerbaum draußen vor der Tür. Das war auch ganz hübsch, aber einen richtigen Bilderbuchtannenbaum, den hat es bei uns wahrscheinlich vor dem Krieg zuletzt gegeben.

Als »Zugereister« aus dem Ruhrgebiet hat mich immer gewundert, dass hier in Hamburg zu Heiligabend angeblich vornehmlich Kartoffelsalat und Würstchen gegessen werden. Ist das bei Schmidts auch so?

Das ist bei uns auch so gewesen – weil, wie in den meisten Familien, ja keine Hilfskraft zur Verfügung stand, sondern die Hausfrau selbst sehen musste, dass sie schnell fertig wurde. Kartoffelsalat kann man morgens machen oder beinahe schon einen Tag vorher. Würstchen heiß machen geht in Windeseile. Außerdem glaube ich, dass fast alle Menschen Kartoffelsalat und Würstchen ganz gerne essen, und wer dann unbedingt etwas anderes haben möchte – gut, dann muss sich die arme Hausfrau eben länger in die Küche stellen. Manchmal übrigens gibt es Männer, die gern kochen mögen und die dann ihre Lieben liebevoll bekochen.

Und wie war das Weihnachtsessen in Ihrer Kinderzeit?

Zu meinen Kinderzeiten, als mein Vater wieder Arbeit hatte, gab es dann auch mal eine Gans. Gänseschmalz auf Schwarzbrot erinnere ich noch deutlich, das gab es dann noch nach Weihnachten, und es war für alle ein Genuss! Aber natürlich war es auch ein Vergnügen, sich mal so ein richtig schönes, großes, knuspriges Gänsebein einzuverleiben.

Gab es bei der Familie Glaser in den zwanziger und dreißiger Jahren eine Bescherung unterm Weihnachtsbaum?

Jein. Ich bin ja nicht getauft worden. Meine Eltern sind nicht in der Kirche gewesen, und ich muss ehrlich sagen – daran hat mich meine Mutter später erinnert –, dass mich dieser beinahe von einem Tag auf den anderen einsetzende Glitzerkram in den Geschäften etwas abgestoßen hat. Ich bin damals von der Schule nach Hause gekommen und habe mich sozusagen bei meinen Eltern beschwert über all dieses Glitzer und die Tannenzweige überall – das ist ja etwas Furchtbares! Also, da bin ich nicht ganz normal.

Und die Bescherung?

Eine Bescherung hat es bei uns gegeben, aber da gab es Dinge, die wir eigentlich schon länger gebraucht hatten. Heute macht sich ja keiner mehr klar, wie es früher – ich rede jetzt von den zwanziger Jahren des vorigen Jahrhunderts – in Arbeiterhaushalten zugegangen ist. Also, es gab ein Paar Strümpfe, die man sowieso dringend benötigte, aber die waren dann hübsch hingelegt. Es gab eine Mütze oder was man sonst noch brauchte, oder auch Unterwäsche. Dazu gab es dann Äpfel und Nüsse …

Bei mir gab es in den fünfziger Jahren immer Apfelsinen auf dem »bunten Teller« …

Ja, aber ganz wenige Apfelsinen – die waren so teuer. Und in der Nazizeit gab es kaum noch Apfelsinen und Bananen, sie mussten ja eingeführt werden. Meine erste Banane nach dem Krieg, das war 1946 oder 1947, das weiß ich nicht mehr … Nein, 1946/47 wohl doch noch nicht; wahrscheinlich 1948 nach der Währungsreform. Die Jahre bis zur Währungsreform waren so anders als heute, dass die Jüngeren wahrscheinlich meinen, man erzähle Märchen. Es gab kaum etwas zu kaufen in den Geschäften, auch zu Weihnachten nicht, aber die Leute hatten auch kein Geld.

Können Sie sich an das erste Weihnachten nach 1945 erinnern?

Nach 1945? Nein, ich kann mich nicht daran erinnern. Ich kann mich wohl erinnern an Weihnachten 1942 – es war mitten im Krieg, und Helmut hatte Urlaub. Wir bewohnten eine große Wohnung, die Besitzer dieser Wohnung waren im Warthegau oder in einem dieser besetzten Gebiete. Und dann sind wir in unserem Stadtteil im Dunkeln spazieren gegangen, an einer Kirche vorbei, und plötzlich ertönte oben vom Kirchturm eine Trompete, ein richtig guter Trompetenspieler. Wir sind stehen geblieben und haben – ich will nicht sagen andächtig, aber jedenfalls, obwohl ja Krieg war, innerlich sehr friedlich und nur dem Augenblick zugewandt – in den Himmel geguckt und lange diesem Trompetenspiel zugehört. Das war ein beeindruckendes Erlebnis, das wir beide heute noch sehr gut erinnern.

In der Zeit der Kanzlerschaft Ihres Mannes – war da Weihnachten Ruhepause? Waren das ein paar Tage, an denen man für sich sein konnte?

Nein. Im Übrigen habe ich großen Wert darauf gelegt, dass im Kanzleramt eine riesige Fichte aufgestellt wurde, und mindestens eine Woche vorher habe ich mit Sicherheitsbeamten, Kochfrauen und anderen Mitarbeitern stundenlang Buntpapierketten geklebt. Wir haben in der Küche gesessen, haben uns Witze erzählt und meter-, meter-, meterweise diese bunten Ketten geklebt, die, glaube ich, beinahe jedes Kind irgendwann einmal geklebt hat. Und dann haben wir diesen großen Baum, der sicher acht, neun Meter hoch war, damit behängt. Das heißt, das haben dann jüngere Männer mit Trittleitern gemacht und sehr kunstvoll drapiert.

Ein Weihnachtsbaum als Gemeinschaftsprojekt des Kanzleramts …

Ja, das war eigentlich eine hübsche Sache. Der Baum hat auch nach Weihnachten noch gestanden in diesem etwas nüchternen hohen Eingangsraum zum Kanzleramt. Er hat sehr an Kinderzeiten erinnert, und das sollte er auch. Einmal haben wir auch große rote Kugeln und rote Kerzen genommen und einmal Strohsterne. Ich habe das mit meinen Helfern immer ein bisschen variiert, aber es hat jedes Jahr in diesem sehr hohen Vorraum – nicht zu unseren privaten Gemächern, sondern zum Kanzleramt und den Büros – immer einen riesengroßen, selbstgeschmückten Nadelbaum gegeben.

Über die Weihnachtstage selbst waren Sie in Hamburg?

Das ja, aber so lange hatte Helmut nie Zeit, denn es gab in all den Jahren so viel zu tun, dass wir höchstens mal einen oder zwei Tage nach Hamburg gefahren sind. Wissen Sie, die großen Probleme der Politik bleiben auch über Weihnachten, die machen keine Weihnachtspause.

»Realitätsbezogen, tüchtig, und Jammern gilt nicht«

Mutter und Tochter

Frau Schmidt, Ihre Tochter Susanne hat 2010 ein Buch über die Finanzkrise veröffentlicht und ist damit gleich in der Bestsellerliste gelandet. Waren Sie stolz auf Ihre Tochter?

Ja, natürlich. Aber eigentlich hatten mein Mann und ich das auch erwartet. Allerdings, da wir das Buch ja schon kannten und wussten, dass es eigentlich ein Buch für Fachleute ist, haben wir uns gewundert, dass es auf der Bestsellerliste gleich so weit nach oben gekommen ist. Es ist ein Fachbuch über das internationale Bankenwesen, also nicht so ein eher allgemeines Geplauder wie bei mir. *(Lacht.)*

Aber da es auch um die Moral von Bankern geht, ist es natürlich in den Zeiten der Bankenkrisen von größerem öffentlichen Interesse.

Im Augenblick vielleicht, und das hat sicher beim Verkauf geholfen.

Ihre Tochter ist 1947 geboren. Und sie ist im Prinzip, das darf man wohl sagen, inzwischen im vorgezogenen Ruhestand.

Auf ihrer Lieblingscouch, 2010

Ja. Sie hat bei Bloomberg in London gearbeitet und dort in den letzten Jahren TV-Sendungen zu Finanzfragen gemacht. Diese ganze Abteilung ist aufgelöst, und die Leute sind entlassen worden.

Und jetzt?

Jetzt ist sie zu Hause in ihrem Haus in Südengland und hat als Letztes dieses Buch geschrieben.

Angefangen hat sie ihre Karriere bei der Deutschen Bank.

Ihre Karriere nicht, ihre Lehre! Ihre Karriere begann wohl mit ihrem Weggang nach London. Davon hatte ich ja schon einmal erzählt. Wegen der Baader-Meinhof-Bedrohung sollte auch Susanne bewacht werden. Da ist sie lieber ins Ausland gegangen.

Als sie 1947 zur Welt gekommen war, da sah die Welt noch anders aus.

Das kann man so sagen … Da sah es sehr anders aus.

Wo sind Sie für die Geburt hingegangen?

Wir wohnten in einer kleinen Bude in Neugraben, also noch hinter Hamburg-Harburg. Von da in irgendeine Entbindungsklinik zu gehen – und »gehen« meine ich wörtlich – war ja schlecht möglich. Also sind wir zu Freunden gezogen, die in der Nähe der Universitätsklinik Eppendorf wohnten, und da habe ich dann entbunden.

Durften Männer damals bei der Geburt dabei sein?

Nein. Außerdem war die Geburt 1947. Es gab noch viele Probleme im täglichen Leben, eine Geburt war da nicht so ein Ereignis wie in späteren Jahren. Man bekam eben ein Kind. Für die Familie war es natürlich schon ein Ereignis, aber verglichen mit heute … Auch verglichen mit vor dem Krieg war das so unter »ferner liefen«; ob genug Kohlen für den Winter im Keller waren, war manchmal genau so wichtig. Das nur mal als Beispiel.

Damals waren Sie ja schon im Beruf.

Was heißt »schon im Beruf«? Ich war bereits seit sieben Jahren Lehrerin.

Wie lang war die Babypause?

Sechs oder sieben Wochen, glaube ich, hatte ich insgesamt Zeit. Vorher und hinterher. Also eine kürzere Spanne als jetzt. Und da Susanne etwas später, als ich ausgerechnet hatte, geboren wurde, war sie sehr gut entwickelt, das war *(bläst die Backen auf)* ein properes Kind.

Wie lange waren Sie im Krankenhaus?

Ich bin nicht lange im Krankenhaus geblieben, in der Zeit konnten sich die Krankenhäuser das auch gar nicht erlauben. Allerdings war es damals noch so, dass man ungefähr eine Woche im Bett zu liegen hatte. Das sagten auch die Ärzte. Heute stehen die Frauen ja gleich wieder auf. Ich bin zwar nicht sofort, aber doch viel schneller als damals üblich aufgestanden und dann, da ich meinen Freunden nicht länger zur Last fallen wollte, zurück nach Hause gegangen, das heißt nach Neugraben.

Da Ihre Tochter im Mai geboren wurde, sind Sie dann wohl nach den Sommerferien wieder zur Schule gegangen?

Ja. Ich bin sogar noch eher in der Schule gewesen. Denn ich erinnere, dass ich mit dem Kinderwagen mit einer fertiggemachten Flasche, die ich, bevor wir losmarschierten, gekocht hatte, durch die Heide gewandert bin – und auf dem Schulhof blühte der Flieder noch!

Da hat sie unter dem Fliederbusch gestanden, sozusagen. (Lacht.)

Ja – und Gott sei Dank ist der Sommer, der Frühling und der Sommer 1947, ein ganz trockener Sommer gewesen. Sie konnte also ruhig da stehen. Und meine Kollegen, das möchte ich auch mal betonen, hatten sofort gesagt: »In der großen Pause brauchen Sie nichts zu machen, dann haben Sie Zeit, um Ihr Kind abzufüttern.« Das fand ich damals besonders liebevoll gedacht.

Da Ihr Mann zum Studium an die Uni nach Hamburg musste, musste Susanne immer mit in die Schule.

Ja. Sie hat viel frische Luft gekriegt. *(Lacht.)* Sie war ja noch nicht groß genug, dass man sie allein im Hause lassen konnte. Und eins muss ich sagen: Sie war ein geeignetes Kind für eine berufstätige Mutter – also ausgesprochen friedlich, wollte nicht ständig unterhalten werden; wenn sie genug zu essen bekam, legte sie sich hin und schlief oder spielte mit ihren Fingern. Das war also sicher einfacher für mich, als wenn es ein quengeliges Kind gewesen wäre.

Sie selbst haben von Ihren Eltern in Ihrer Kindheit vielfältige Anregungen erhalten: Kunst und Musik zum Beispiel gehörten dazu. Haben Sie das an Ihre Tochter weitergegeben?

Ich glaube, ja. Helmut und ich hatten ja ungefähre Vorstellungen davon, was uns wichtig war – das kann man hier auch noch sehen, Bücher und Bilder und Musik. Das war unsere Vorstellung, wie man sein Leben einrichten sollte. Bei mir vom Elternhaus geprägt, bei Helmut ein bisschen auch, aber vor allen Dingen von unserer Schule.

Hat Ihre Tochter ein Instrument zu spielen gelernt?

Ja, Klavier, und angefangen hat sie mit Blockflöte.

Und haben Sie mit ihr gemalt?

Aber natürlich hat sie gemalt. Ich bin davon überzeugt, dass alle Kinder, wenn sie noch klein sind, sich mit Wonne auf Buntstifte stürzen und erst mal nur Krickel machen und einem erzählen, das ist ein Baum oder ein Engel oder sonst irgendwas, auch wenn man das nicht erkennen kann. Ich glaube, so eine Kreativität steckt eigentlich in allen Kindern, und später muss man das dann ein wenig weiterfördern.

Genau. Haben Sie sich besondere Gedanken über die Schulwahl für Ihre Tochter gemacht?

In der Grundschule war sie an meiner Schule, und weil sie schon fließend lesen und rechnen konnte, habe ich den Schulleiter gefragt: »Kann man sie gleich in die Zweite einschulen? Die langweilt sich zu Tode! Ich weiß ja, was im ersten Schuljahr gemacht wird.« Und da hat er den Klassenlehrer der zweiten Klasse gefragt, und der hat sie sofort genommen – manchmal durfte sie auch auf seinem Schoß sitzen und musste den anderen etwas vorlesen. Einige Schwierigkeiten hatte sie, weil sie selbst sich die Druckbuchstaben beigebracht hatte und die Grundschule gerade auf Schreibschrift umgestellt hatte. Aber das ging natürlich schnell, und sicher war das Überspringen der ersten Klasse eine richtige Entscheidung von uns.

Und bei der höheren Schule?

Da haben wir sie an einer Schule angemeldet, die von unserem ehemaligen Lichtwarkschul-Klassenlehrer Hans Römer geleitet wurde. Eine Schule, nicht sehr weit von uns entfernt.

Und waren Sie zufrieden?

Ja, wir hatten ja auch noch einen guten Kontakt zu dem Schulleiter. Der rief dann auch schon mal bei uns an. Einmal zum Beispiel: Das Telefon klingelt, Römer ist am Telefon – er hat uns ja beide auch geduzt –: »Sag mal, also, die Klasse, in der deine Tochter da ist, die machen ihrem Klassenlehrer das Leben ziemlich zur Hölle. Dabei ist der im Krieg Soldat gewesen und hat wahrscheinlich auch einen kleinen psychischen Schaden abbekommen. Und jetzt ärgern sie ihn. Deine Tochter ist doch Klassensprecherin. Kann die nicht mal ein bisschen die Klasse beeinflussen, dass die ein wenig Rücksicht auf ihn nehmen? Er führt ja nur noch diese Klasse, und dann geht er sowieso in den Ruhestand …«

Und hat das geklappt?

Ja, ich habe mit Susanne geredet, und dann ist das wohl besser geworden.

Susanne ist ja vom Jahrgang her eine Achtundsechzigerin – hat sie auch mal rebelliert, oder ist das bei ihr ausgeblieben?

Nein, mit der Studentenrebellion hatte sie nichts zu tun. Ich glaube, die Bezeichnung »verwöhnte Bürgersöhne«, die ich ja auch gern benutze, kommt sogar von ihr.

Da ist sie sozusagen Ihrem Urteil nahe gewesen.

Das kommt doch automatisch, oder? Entweder ist man anti, oder man ist derselben Meinung wie die Eltern.

Wie war Susannes Verhältnis zu ihrem Vater?

Ich glaube, am einfachsten drückt sich das aus, wenn man hört, dass sie ihn noch heute Papi nennt.

Also war es auch ein gutes emotionales Verhältnis.

Ja. Dass er über sie geschimpft hat, weil überall was rumlag, das ist eine Sache. Aber generell sind sie gut miteinander umgegangen. Allerdings – richtig schmusig sind sie nicht miteinander gewesen, weil sie beide genetisch nicht so angelegt sind.

Man sagt ja immer, Töchter haben eine besondere Nähe zur Mutter.

Also, das kann ich nicht sagen. Ich glaube, das war eher gleichberechtigt. Natürlich haben wir viel mehr voneinander gewusst, weil wir uns im Laufe des Tages auch viel mehr sahen, denn Helmut ist ja häufig nur am Wochenende nach Hause gekommen. Zeitlich hat Susanne von Helmut nicht sehr viel gehabt.

Ist sie lange mit Ihnen in die Ferien zum Brahmsee gefahren?

Oh ja, und wir haben ja lange immer noch versucht zu organisieren, dass wir jedes Jahr ein paar Tage zusammen dort verbringen können.

Eltern prägen ihre Kinder, sagt man. Und ich glaube, Susanne ist ihren Eltern sehr ähnlich.

Ja, von der Lebenseinstellung her sicher. Realitätsbezogen, tüchtig, und Jammern gilt nicht. Ja, das gilt wohl für uns alle drei.

Und dann ist sie eine hochkompetente Fachfrau.

Ja, im beruflichen Bereich ist sie mehr Vaters Tochter – sie haben ja auch beide Wirtschaft studiert. Aber natürlich hat sie auch Vorlieben von mir übernommen. Susanne wühlt ja doch in ihrem Garten in der Erde herum und pflanzt und macht, das ist schon erstaunlich. Allerdings gärtnert sie mehr, während ich mich eher mit der »wilden Natur« beschäftige. Das vielleicht als kleiner Unterschied.

Das heißt, neben ihrer Arbeit in London hatte sie auch einen Garten zu bearbeiten …

Ja, sie hat sogar einen großen Garten. Sie wohnt ja mit ihrem Mann südlich von London, in der Grafschaft Kent, in einem kleinen Dorf mit einer uralten, auf einer Anhöhe stehenden Kirche.

Zur Entwicklung von Kindern und Jugendlichen gehört es, dass es auch Krisen zwischen Eltern und Kindern gibt. Gab es die auch bei Ihnen?

Ja, natürlich. Aber richtige Antihaltungen gibt es ja wohl nur in der Pubertät. Möglicherweise gehört es auch dazu, dass Kinder beim Ablösungsprozess von den Eltern die Fehler der Eltern plötzlich riesengroß sehen, und das Positive verschwindet beinahe.

Als Einzelkind muss man sich immer gegen zwei Erwachsene durchsetzen. Hat Susanne sich Geschwister gewünscht?

Ihren Bruder hat sie ja nicht kennenlernen können, der ist ja einige Jahre vor ihrer Geburt verstorben. Und dann habe ich verhältnismäßig früh mit ihr auch über meine vielen Fehlgeburten gesprochen. Auch dass es wahrscheinlich keine Geschwister mehr gibt und dass das eine gewisse Tragik ist, weil wir ja auch traurig darüber waren.

Und wie ist der Kontakt heute?

Weil Susanne nicht mehr arbeitet, sehen wir uns in letzter Zeit erfreulicherweise häufiger. Und natürlich telefonieren wir regelmäßig. Das heißt nicht: Ach, heute ist Donnerstag, heute ruft Susanne an – so nicht. Sondern: Das Telefon klingelt, man erkundigt sich »Was machst du gerade?« oder »Wie geht es dir?« oder »Bei mir im Garten ist gerade das und das aufgeblüht« oder andere nette Kleinigkeiten, über die man sich mit seiner Tochter halt austauschen möchte.

»Früher war nicht alles besser«

Von Religion und Werteverlust

Soziologen sprechen beim Vergleich zwischen heute und früher meist von Werteverlust. Frau Noelle-Neumann …

… die haben wir gekannt …

… hat schon in den frühen siebziger Jahren den Bedeutungsverlust von Kirche und Religion und einen allgemeinen Autoritätsverlust dafür verantwortlich gemacht.

Herr Lehberger, für das Thema Religion und Kirche bin ich wirklich nicht der geeignete Mensch – ich bin ja ohne Kirche aufgewachsen, bin als Kind nicht getauft. Natürlich wusste ich um die Bedeutung von Religion; dass das für viele Menschen wichtig in der Lebensführung war. Und natürlich weiß ich, dass das heute nicht mehr so stark ausgeprägt ist. Als Lebensform habe ich Religion immer interessant gefunden, aber selbst daran geglaubt habe ich nie.

Ihr Mann spricht von der Religion als dem nötigen »Kitt der Gesellschaft«.

Das gilt sicher bis heute, obwohl der Kitt mit den jüngsten Erschütterungen der katholischen Kirche wegen der Missbrauchsfälle wohl etwas brüchiger werden wird. Man kann das aber auch anders sehen – dass mal ein klein bisschen der Schleier über den Fragen der Moral in der Kirche gelüftet wird.

Als Grundschullehrerin mussten Sie ja eigentlich auch Religion unterrichten. Haben Sie sich da verweigert?

Nein, natürlich nicht. In meiner Klasse habe ich immer auch Religionsunterricht gegeben, weil das ein Teil des großen Lebens ist und weil alle Kinder, ob sie getauft sind oder nicht, zum Beispiel Weihnachten und die Geburt Christi miteinander in Zusammenhang bringen müssen. Ich denke, durch diesen konfessionell nicht sehr eingeengten Religionsunterricht habe ich im weitesten Sinne durchaus was für das Zusammenleben beigetragen.

Ein so verstandener Religionsunterricht hätte wohl auch heute – oder gerade heute – wegen der vielen Konfessionen in unseren Schulen seine Berechtigung.

Ja, unbedingt.

Kommen wir zu dem oft beklagten Autoritätsverlust staatlicher Instanzen. Haben zum Beispiel die Lehrer als Vertreter des Staates heute an Autorität verloren?

Das kann man wohl so allgemein schwer beurteilen. Auch ob Schule und Unterricht früher besser waren als heute, wird man so allgemein nicht beantworten können. Schon in meiner Schulzeit waren Schule und Lehrersein doch sehr unterschiedlich. Helmut erzählt heute noch aus seiner Grundschule, dass einer der Lehrer seine Handschuhe nahm, die oben Knöpfe hatten, sie an den Fingern anfasste und den Kindern was auf die Hände gab, wenn sie nicht ordentlich stillsaßen. Das waren ja solche Welten zwischen Helmuts und meiner Grundschule, wo alles sehr kindgerecht und frei zuging. Allein wenn ich an meine Eltern in meiner Grundschulzeit denke: meine Mutter im Nähkreis, wo alte Sachen geflickt wurden, damit ärmere Kinder das wieder tragen konnten, oder das Schullandheim, das die arbeitslosen Väter renoviert hatten. Aber mit welcher Selbstverständlichkeit auch ich, als ich älter war, in den großen Ferien drei Wochen zur Betreuung der jüngeren Kinder in dieses Schullandheim gefahren bin. Selbst noch als Studentin! All diese Erfahrungen hat mein Mann in seiner Grundschule nie machen können. Schule war also auch früher nicht einfach besser oder schlechter.

Die These »Früher war alles besser« ist also eher eine Verklärung.

Man kann das zwar sagen, aber richtig ist es natürlich nicht. Wissen Sie, je älter ich werde, desto mehr vergleiche ich vieles mit früher. Allein die Tatsache, dass man auf einen Schalter drückt, und die Zimmer sind hell erleuchtet, beweist schon das Gegenteil davon, dass früher alles besser war. Man darf die vielen kleinen technischen Neuerungen, die im Laufe meines Lebens dazugekommen sind, nicht unterschätzen oder schlechtreden. Dass zum Beispiel heute jede Familie ein Telefon hat – eigentlich haben die meisten ja sogar ein Handy –, was das bedeutet für die Verbindung der Familie untereinander, aber auch für die Sicherheit der einzelnen Familien, das macht man sich doch heute überhaupt nicht mehr klar. Und so gibt es eine Vielzahl »kleiner« Beispiele für das Gegenteil dieser These.

Zum Beispiel auch das Leben im Haushalt, Waschmaschine, Kühlschrank, Geschirrspüler …

Wäsche waschen, mein Gott, war das ein Drama! Alles handgemacht. Und vor dem Krieg, als ich Kind war, war das noch mühsamer … Die Wäsche musste auf einem Ofen aufgesetzt werden, entweder mit Holz oder teurer Kohle.

Selbst ich erinnere aus den fünfziger Jahren noch einen richtigen Eisschrank mit Eisstangen als Kühlung.

Richtig. Ich erinnere noch, dass der Eiswagen, natürlich mit einem Pferd davor, diese Eisblöcke zu den Restaurants brachte und dass der Kutscher mit großem Vergnügen einen Eisblock, der schon ein wenig angebrochen war, mit seiner Picke ein bisschen klopfte, und dann bekamen wir ein Stück durchsichtiges Eis, an dem wir herumleckten.

Frau Schmidt, Ihr Mann sagt, die größte Errungenschaft der letzten hundert Jahre sei die soziale Sicherheit. Aber auch die ist eher besser als schlechter geworden.

Na ja, das können Sie ja ganz simpel an meiner Familie deutlich machen. Die Arbeitslosenunterstützung für meinen Vater reichte nicht aus, dass meine Mutter zu Hause bleiben konnte, um ihre vier Kinder zu versorgen. Sie musste arbeiten und Geld zuverdienen. Und die Älteste musste sauber machen, das heißt, da mussten die anderen Geschwister ihr ja auch helfen, und sie musste Essen kochen. Aber das war eben so.

Dass Frauen heute allein reisen, allein ins Restaurant gehen können, darüber denkt keiner mehr nach. Wie war das bei Ihnen und Ihrer Mutter?

Meine Mutter konnte nicht alleine reisen und auch nicht ins Restaurant gehen, weil wir kein Geld hatten. *(Lacht.)* Was sie allein konnte, war als Kochmutter mit meiner Grundschule an die Ostsee fahren. Das hat sie auch gerne gemacht.

Und wie war das bei Ihnen als junger Frau?

Ich war ja schon kurz vor dem Krieg Lehrerin. Ich wäre zwar nicht allein zum Kaffeetrinken gegangen, aber wenn ich mein Gehalt abholte, sind wir anschließend immer mit mehreren ins Café gegangen.

Wussten Sie übrigens, dass wir Lehrer jeden Monat zur Schulbehörde, zur Lohnkasse gingen und in einer Tüte, wie die Arbeiter auch, unseren Monatslohn abholten? Das kann sich doch heute keiner mehr vorstellen!

Hatte man als Lehrerin vielleicht eine besondere Stellung als Frau?

Ich glaube schon. Lehrerinnen waren schon früh geachtet und respektiert. So wurde zum Beispiel respektiert, dass eine Lehrerin meiner Grundschule, die wir sehr gern mochten, mit einer anderen zusammenlebte und dass die auch zusammen verreisten. Gesprochen darüber, dass sie ein Paar waren, wurde aber nicht, das habe ich mir alles mühsam im stillen Kämmerlein zusammenreimen müssen.

Was war Ihrer Meinung nach denn früher definitiv besser?

Vielleicht war der Zusammenhalt in der Familie größer – wobei ich jetzt mit Familie nicht Vater, Mutter, Kinder meine, sondern die Großfamilie einschließlich der Großeltern. In meiner Familie zum Beispiel spielte, wie ich schon einmal beschrieben habe, der Geburtstag meiner Großmutter eine Riesenrolle. Auf der anderen Seite: Wenn man sich die Großelterngeneration heute anguckt, sind die ja viel rüstiger. Der Großvater ist längst im Ruhestand, und die machen Kreuzfahrten, ich weiß nicht wohin. Das ist zum Beispiel ein Punkt, bei dem ich denke, das hätte man sich früher nicht träumen lassen, dass man mal in tropische Länder kommt, dass man sich in Südamerika oder Afrika Land und Leute anschauen kann. Oder in Indien. Davon hätten meine Eltern oder die Großeltern ja noch nicht einmal geträumt, weil es so außerhalb ihrer Sicht- und Lebensweise war.

Wenn ich aus meiner Kindheit in den fünfziger Jahren berichten darf – ich fand die Abende ohne Fernsehen in der Familie intensiver.

Natürlich, in vielen Familien wurde der Abend ohne Fernsehen verbracht, weil es das nicht gab. Und auch bei uns zu Hause wurde viel zusammengesessen, gespielt und musiziert. Als wir noch in dieser Winzwohnung in Hamm wohnten, hatten meine Eltern im Übrigen häufig Besuch. Und mit dem Besuch wurde auch viel gesungen. Das muss über die enge Wohnstraße recht laut gewesen sein.

Also haben wir heute doch durchaus einen Verlust der Gemeinsamkeit.

Es ist ein Verlust in vielerlei Hinsicht. Denn natürlich sind gemeinsame Spiel- und Singabende, ob in der engen Familie oder in der weiteren Familie, ob man es will oder nicht, auch ein Erziehungsfaktor.

Ein indirekter Erziehungsfaktor.

Auf den Nächsten und die Nächste ein bisschen zu achten, wenn man um einen großen Tisch sitzt, einander zuzuhören, beim Essen zu schauen, ob die anderen auch was abkriegen ... Das sind winzige Kleinigkeiten, die das Zusammenleben nicht nur einfacher, sondern auch intensiver machen. Damit sind auch Gefühlsmomente verbunden.

Computer und Internet haben heute die Kommunikation vieler Menschen beschleunigt und verändert. Benutzen Sie die sogenannten »Neuen Medien« auch?

Hier in meinem Haushalt gibt es keinen Computer, deshalb kann ich nicht damit umgehen. In den Büros drüben im Archivhaus gibt es natürlich Computer, aber ich habe gesagt, ich will hier in meinem Hause keinen haben – altmodisch, wie ich bin. Die kleinen täglichen Verrichtungen nehmen so viel Raum ein, es wäre also ein Jammer, wenn man das bisschen Zeit, das noch bleibt, auch noch mit dem Computer verplempern würde.

Und wie schreibt Ihr Mann seine Manuskripte?

Mit der Hand, wie früher. Und das wird dann für ihn abgetippt.

Aber die Recherche ist natürlich heute mit dem Computer viel einfacher geworden.

Natürlich weiß ich, was man mit Google und Wikipedia an Informationen bekommen kann. Und natürlich ist das toll. Man gibt einen Begriff ein und bekommt dann genau erzählt, woher er kommt. Ursprung und wo der Begriff benutzt wird oder ... Jetzt bin ich bei meinen Pflanzen. Ich gebe eine in China verhältnismäßig neu entdeckte Pflanze ein. Erst mal erhalte ich eine genaue Bestimmung, wo sie gefunden worden ist, dann, zu welcher Familie sie gehört, wer sie gefunden hat und so weiter und so weiter.

Das war früher sicher zeitaufwendiger!

Ja, aber es hatte auch seinen Charme. Ich erinnere, dass ich während des Krieges in einer Tageszeitung las, dass man in China eine Metasequoia entdeckt hatte. Das ist ein Urweltmammutbaum, der als ausgestorben galt und bis dahin nur versteinert bekannt war. Also, dieser Tag damals war ja fabelhaft! Ich wollte natürlich möglichst schnell mehr erfahren, das konnte ich aus der Zeitung aber nicht. Ich musste dann lange warten, bis ich erfuhr, dass der Graf Bernadotte auf der Insel Mainau – ich glaube, zum Geburtstag – eine Metasequoia geschenkt bekommen hatte. Dann musste ich noch länger warten, bis ich selbst endlich nach Mainau fahren konnte. Da hatte man es inzwischen längst geschafft, von diesem einen Wunderbaum Stecklinge zu ziehen und damit eine ganze Allee anzulegen. Also, das zum langsamen Informationsfluss früher. Aber diese lange Geschichte mit der Metasequoia habe ich dafür bis heute, wie Sie sehen, gut behalten können.

»Haushalt war immer meine Domäne – habe ich aber auch nie schlimm gefunden«

Vom Wandel des Frauenbildes

Frau Schmidt, haben Sie schon einmal Emma *gelesen?*

Nein, habe ich nicht. Aber Sie wissen vielleicht, dass Alice Schwarzer sich in ihrer Zeitschrift über mich lustig gemacht hat – »Die Schmidt mit ihren Blümchen«. Als ich angefangen habe, mich intensiv um den Naturschutz zu kümmern, war das ja nicht gerade Mode – und für Frau Schwarzer offenbar abwegig, sich als Frau dafür zu engagieren. Da habe ich gehört, dass in *Emma* eine Karikatur von mir war, und darunter stand »Die Schmidt mit ihren Blümchen«.

Nun, dann kann ich Ihre Haltung zu Emma *verstehen.*

Es mag aber sein, dass für viele unselbständige Frauen – das ist aber nicht meine, sondern eine jüngere Generation – eine solche Zeitschrift ihre Bedeutung hat. Obwohl ich auch eingestehen muss – das habe ich gerade anhand von Zahlen vom Statistischen Bundesamt noch einmal gesehen –, dass es bis heute kaum Frauen in leitenden Positionen der Wirtschaft gibt. Das ist schon erstaunlich.

In den Vorständen der dreißig Dax-Unternehmen ist der Anteil von Frauen nach wie vor verschwindend gering.

Das sind Tatsachen, die muss man ernst nehmen und kritisieren. Aber ich habe den Eindruck, dass die Frauen in meiner Generation, von denen ja nicht mehr viele leben, selbstbewusster waren …

… als die jetzige Generation.

Ja. Also, das kann ich natürlich nicht beweisen. Nur: Meiner Generation, und auch Frauen, die ein paar Jahre älter waren, blieb gar nichts anderes übrig nach dem Krieg, als auf vielen Gebieten die Initiative zu ergreifen. Die Männer kamen aus dem Krieg nach Hause – oft psychisch sehr angegriffen, zum Teil physisch angeschlagen –, und das Leben musste ja insgesamt weitergehen. Nicht umsonst hat man den Ausdruck »Trümmerfrauen« geprägt. Im Krieg und nach dem Krieg haben Frauen zum Beispiel als Straßenbahnführerin oder in der Fabrik gearbeitet. Natürlich gab es auch viele Frauen, die, als der Mann wieder da war und Boden unter den Füßen hatte, gesagt haben: »Gott sei Dank, dann kann ich mich jetzt wieder in meine vier Wände zurückziehen.« Aber auch die hatten ja das Bewusstsein, dass sie vieles selbst schaffen können. Dieser Generation, das habe ich links und rechts von mir erlebt, blieb nichts anderes übrig, als zuzupacken, weil das Leben weitergehen musste.

Aber viele wurden in den fünfziger Jahren auch gegen ihren Willen zurück in die Familie gedrängt. Sie sollten sich wieder für die »drei K's« verantwortlich fühlen: Kinder, Küche, Kirche. Sie als Lehrerin im öffentlichen Dienst hatten es da sicher leichter.

Lehrerinnen haben sich, glaube ich, verhältnismäßig früh, ich will fast sagen, ihren Platz in der Gesellschaft erkämpft. Ich will sie nicht alle aufzählen, wie Helene Lange zum Beispiel, aber Lehrerinnen, um es mal ein bisschen pathetisch zu sagen, waren eher emanzipiert als andere Frauen.

Sie sind ja ein sehr gutes Beispiel dafür: selbstbewusst und emanzipiert.

Ich hatte ja auch nach 1945 für meinen Mann, der studierte, und für mein Kind zu sorgen.

Die neue Frauenbewegung der siebziger Jahre forderte nicht nur die materielle, sondern auch die sexuelle Unabhängigkeit für Frauen. Die Pille beflügelte diese Diskussion. War das für Sie nachvollziehbar?

Ja, ganz sicher. Ich war damals zwar noch nicht aus Gut und Böse raus, aber auch nicht mehr ganz jung; deshalb habe ich diese Diskussion damals nicht so intensiv verfolgt. Natürlich hat die Unabhängigkeit der Frauen durch die Pille bei uns in Gesprächen eine Rolle gespielt, das war natürlich auch ein Thema mit unserer Tochter, an dem sich im Übrigen auch mein Mann beteiligte. Die Pille war, ob man älter war wie ich oder ob man jünger war, insgesamt eine richtige Befreiung für die Frauen.

Und wie haben Sie in den siebziger Jahren die Kampagne »Ich habe abgetrieben« im Stern *erlebt?*

Ja, das so zu bekunden war für viele sicher auch eine Art Befreiung. Es hatte natürlich damals, fand ich, auch eine Kehrseite: Nun konnte man ja, ohne zu zögern, mit jedem ins Bett gehen. Und was man von diesen Wohngemeinschaften hörte – da weiß ich nicht, ob ich das innerlich so ganz fabelhaft fand. Natürlich: Auszuprobieren in jeder Hinsicht gehört auch zum Erwachsenwerden, aber mir war das eine zu starke Betonung des Sexuellen. Ich will mal sagen, das Erotische, das ja auch eine wichtige Rolle spielt, ist mir zu kurz gekommen.

In der damaligen Politik spielten Frauen ja noch keine große Rolle. Drei Frauen waren zum Beispiel im Kabinett Ihres Mannes: Marie Schlei, Katharina Focke und Hildegard Hamm-Brücher. Hatten Sie Kontakt zu den Frauen im Kabinett?

Marie Schlei ist auf unserer großen Chinareise mit uns mitgereist. Ich kannte sie vorher ein bisschen, und diese gemeinsame Reise hat uns menschlich sehr eng zusammengebracht. Katharina Focke habe ich mehr aus der Distanz geschätzt. Das war eine sehr sachliche Frau. Und Hilde Hamm-Brücher kannte ich natürlich auch; ihr habe ich es später, leise bei mir, hoch angerechnet, dass sie aus der FDP ausgetreten ist. Schließlich hat die FDP ja meinen Mann abgewählt. Aber im Alltag – um zum Beispiel mal gemeinsam Kaffee zu trinken – war keine Zeit.

Inzwischen ist der Anteil der Frauen in der Politik deutlich angestiegen. Sicher ein Verdienst der Quotenregelung. Wie stehen Sie zur Frauenquote?

Früher habe ich immer gesagt: Gute Frauen brauchen keine Quote – bis ich irgendwann mal mit nackten Zahlen konfrontiert worden bin. Wahrscheinlich muss man das selbst erlebt haben, dass man in eine Position möchte und nicht darf. Ich habe das ja nie erlebt – weder in der Schule, noch als ich meine Naturschutzarbeit anfing, noch bei den Forschungsexpeditionen. Wenn ich irgendetwas wollte, dann wollte ich das, und dann habe ich es erreicht.

Die Telekom hat jüngst beschlossen, durch eine Quote den Anteil der Frauen im Vorstand zu erhöhen.

Inzwischen kann ich das akzeptieren. Seit fünfzig, sechzig Jahren diskutieren wir dieses Thema, da wird es ja mal Zeit, dass etwas passiert.

Als Akt der Gleichberechtigung ist ja auch gewertet worden, dass Frauen Zugang zur Bundeswehr bekommen. Zunächst waren sie nur im Sanitätsbereich oder in den Schreibstuben. Mittlerweile werden sie ja auch an der Waffe ausgebildet. Wie finden Sie das?

Das finde ich in Ordnung. Wenn Gleichberechtigung, dann auch hier. Wobei ich als Frau weiß: Wenn die ihre Unpässlichkeit haben, sind sie nicht voll einsatzfähig.

Hatten Sie, als Angela Merkel Kanzlerin wurde, das Gefühl, das ist etwas Besonderes, weil sie eine Frau ist?

Nein, ich habe eigentlich mehr das Gefühl gehabt, das wurde auch mal Zeit. Nun ist sie ja nicht die erste Regierungschefin – Indira Gandhi zum Beispiel hat gezeigt, dass auch Frauen diese Funktion gut ausfüllen können. Überhaupt hat es im asiatischen Raum schon seit längerem Frauen als Regierungschefinnen gegeben.

Kommt eigentlich das Wort »Fräulein« in Ihrem Wortschatz noch vor?

Ich habe es mir schon lange, lange abgewöhnt, »Fräulein« zu jemandem zu sagen, ich sage immer »Frau«. Das war doch schlimm, als ältere Lehrerinnen mit »Fräulein« angeredet wurden, nur weil sie nicht verheiratet waren.

Aber das Wort »Fräuleinchen« – das sagte mein Vater zu meiner Schwester, und da war aber Gefahr im Verzug –, das wird heute noch so gesagt.

»Fräuleinchen« – ja, das kann in meinen Ohren drohend wirken, aber auch verniedlichend als eine Art Schmeichelei.

Und was sagen Sie zu solchen sprachkorrekten Wortneuschöpfungen wie »LehrerInnenzimmer«?

Das finde ich idiotisch, da hätte ich auch meine Bedenken. Ein Lehrerzimmer ist für Männer und Frauen da. Man kann alles übertreiben.

Meine letzte Frage zu dem Thema ist: Sie waren ja immer aktiv, immer berufstätig, aber ich habe den Eindruck, für den Haushalt waren Sie zuständig.

Da muss ich sehr lange zurückdenken. Nein – vielleicht hat mein Mann mal gekocht, aber mehr als zwei, drei Mal ist das sicher nicht vorgekommen. Nein, Haushalt war immer meine Domäne – habe ich aber auch nie schlimm gefunden.

»Meine Augen sind so alt wie ich, und wir kommen ganz gut miteinander aus«

Mit neunzig braucht man schon mal eine Brille

Frau Schmidt, Sie haben gar keine Brille auf, haben Sie sie verlegt?

Ich habe eine Brille, und zwar schon lange, aber die brauche ich so gut wie gar nicht. Der ganz simple Grund ist: Ich habe keine eigenen Linsen mehr, sondern Kunstlinsen. Das ist heute, glaube ich, ein Routineeingriff bei vielen Menschen. Damit kann ich ganz gut gucken.

Das heißt, auch beim Lesen brauchen Sie keine Brille?

Höchstens, wenn ich abends sehr müde bin, setze ich mal eine Brille auf, aber eigentlich: nein.

Wie ist es beim Fernsehen?

Wozu brauche ich da eine Brille?

Schöne Antwort! Vor Ihrer Augenoperation war es offensichtlich anders. Da waren die Augen schwach geworden.

Was heißt Operation?

Na, ich stelle mir vor, wenn man neue Linsen bekommt, dass das eine Art Operation ist.

Ja, aber nur mit örtlicher Betäubung. Da kann ein so neugieriger Mensch wie ich an jedem Schritt teilhaben, und anschließend geht man sehend wieder nach Hause.

Das heißt, Sie haben den Eingriff begleitet und sich keine Spritze geben lassen, damit Sie nichts mitbekommen?

Ich habe es nicht nur begleitet, ich habe neugierig gegafft. Die Chance, Linsen ausgewechselt zu bekommen – die eigenen, abgenutzten abzulegen und neue zu bekommen –, die hast du wahrscheinlich nur einmal. Die Chance musste ich doch ergreifen.

Und was waren die einzelnen Schritte? Können Sie sich daran noch erinnern?

Nein. Natürlich habe ich auch eine Betäubung bekommen, vielleicht war ich ja doch nicht so ganz da. Aber daran kann ich mich nicht mehr erinnern. Ich weiß nur, dass es verhältnismäßig schnell ging. Allerdings hat der Arzt nur ein Auge zur Zeit behandelt. Also erst das eine Auge und zwei Tage später das zweite.

Wann haben Sie die ersten Probleme mit dem Sehen gehabt?

Die erste Brille habe ich bekommen, als ich ungefähr vierzig war.

Hatte das etwas mit Ihrem Führerschein zu tun?

Nein. Mit vierzig habe ich noch nicht an einen Führerschein gedacht. Sie dürfen eines nicht vergessen: Ich bin *ur*alt. Mit vierzig, Ende der fünfziger Jahre also, da brauchte ich noch kein Auto.

Aber einen Führerschein haben Sie?

Das ja. Aber ich habe ja erst als uralter Mensch, und das dann mit lauter jungen Männern zusammen, den Führerschein gemacht. Das war allerdings lustig. Die hatten alle schon einmal versucht, Auto zu fahren, und ich eigentlich nie. Ich wollte nur auch ganz gern wissen, wie das alles technisch funktioniert. Die Fahrstunden waren alle sehr munter und ich sehr tapfer im Kreise dieser jungen Leute. Und dann kam die Prüfung.

Und sind Sie durchgefallen?

Nein. Aber bei der schriftlichen Prüfung habe ich, aus Witz, jedem Einzelnen von den jungen Männern ein Pfefferminzbonbon gegeben. Die hielten nämlich auf einmal ihre Köpfe nicht mehr ganz aufrecht, sondern ließen sie schon ein bisschen hängen. Der Prüfer, ein sehr streng blickender, unfreundlicher Herr, meinte: »Was machen Sie da?« Da habe ich gesagt: »Das ist eine Beruhigungstablette für diese jungen Männer, und Ihnen biete ich auch gern eine an.« Da konnte er sehen, dass es eine Rolle »Vivil« war. Na ja, ein toller Erfolg!

Sind Sie anschließend viel gefahren, als Sie den Führerschein hatten?

Doch, ich bin verhältnismäßig häufig gefahren, vor allen Dingen zum Brahmsee zu unserem Ferienhaus. Denn sonst hätte ich immer jemanden haben müssen, der mich dahin fährt. Da bin ich auch manchmal mit Freunden als Chauffeur hingefahren.

Hatte Loki Schmidt ein eigenes Auto?

Wir hatten ein Familienauto. Als Erstes natürlich einen VW mit Gangschaltung, alles liegt ja so lange zurück ...

Mit Gangschaltung und Zwischengas?

Nein, Zwischengas brauchte ich nicht mehr. Es war natürlich ein altes, gebrauchtes Auto, und wenn man durch eine kleine Pfütze fuhr, musste man die Beine hochnehmen, weil das Bodenblech ziemlich große Löcher hatte ...

... eine alte VW-Krankheit, die auch ich erinnere.

Der hat nachher noch einige Jahre bei unserer Tochter seine Dienste getan, bevor er völlig abgewrackt wurde.

Wann sind Sie das letzte Mal Auto gefahren? Können Sie sich daran erinnern?

Auto gefahren bin ich vorgestern, aber da habe ich mich mühsam ins Auto hineingequält und bin gefahren worden. Dass ich selbst das Auto gefahren habe, muss Jahrzehnte zurückliegen, das kann ich gar nicht mehr rekonstruieren. Vermutlich in unserer Bonner Zeit, da hat mir nämlich das Autofahren Spaß gemacht, und in Bonn hatte ich einen Fahrer *und* ein Auto. Das Auto war im Gegensatz zu dem anderen Autopark knallrot, was das Protokoll gar nicht gut fand. Die hatten dem Autohändler sogar gesagt: »Zeigen Sie Frau Schmidt doch mal einen Wagen mit etwas gedämpften Farben.« Ich habe das letztlich von dem Autohändler erfahren. Den Beamten habe ich dann klargemacht: »Ein knallrotes Auto, wie es jetzt gerade Mode ist, ist viel sicherer, als wenn ich eine andere, gedämpfte Farbe nehme.« Na ja, ich habe das rote so lange behalten – wie lange habe ich es behalten? –, ja, bis Helmut abgelöst wurde, dann stand ja kein Auto und kein Fahrer mehr zur Verfügung. Das heißt bis 1982.

Frau Schmidt, ich komme noch einmal auf die Brille zurück …

Halt, Sie hatten ja gefragt, wann ich das letzte Mal als Selbstfahrer ins Auto gestiegen bin. Ich glaube, ich habe danach nie mehr ein Auto gefahren.

Ihr Mann auch nicht? Hat er auch aufgehört, als er aus Bonn zurückkam?

Nein, er ist viel länger gefahren – bis nicht nur ich, sondern auch seine Sicherheitsbeamten fanden, er solle das lieber anderen überlassen. Ich will das mal so vorsichtig ausdrücken, denn Helmut war ein sehr forscher Fahrer.

Aber er brauchte eine Brille beim Autofahren, wenn ich das erinnere.

Das kann sein, das weiß ich nicht mehr. Wir haben beide im Vergleich zur Durchschnittsbevölkerung ziemlich spät eine Brille bekommen.

Aber Ihren Mann sehe ich mit einer Lesebrille am Frühstückstisch.

Ja, und zwar mit einer billigen, nicht extra für ihn angefertigten Brille.

Einer Fertigbrille?

Richtig, so eine Fertigbrille, wie man sie in Amerika für wenige Dollar kaufen kann. Die trägt er am liebsten. Sie sind leicht, man kann sie sich irgendwo in die Tasche stecken, und falls man sie mal verlieren sollte, hat man gleich eine Ersatzbrille.

Noch mal zu Ihren Augen zurück. Heute können Sie gut gucken …

Nein, heute kann ich gar nicht mehr gut gucken. Meine Augen sind nämlich genauso alt wie ich, und es gibt Tage, an denen ich alles doppelt sehe, auch wenn ich die Augen ganz zumache und wieder aufmache. Da gibt es nur eine gewisse Distanz, auf die ich mit beiden Augen gleich sehe. Ein bisschen weiter oder näher sehe ich mit jedem Auge etwas anders, sehe es also zweimal, und das ist sehr lästig. Ich halte das für eine Alterserscheinung, die mir ja zusteht, denn der Augenarzt, der fand nichts auffallend daran. Da bräuchte ich mir keine Gedanken zu machen. Meine Augen sind halt so alt wie ich, und wir kommen ganz gut miteinander aus.

»Mit dem Rollator hat man ein ganzes Stück Freiheit gewonnen«

Rollator und Treppenlift

Frau Schmidt, für viele ältere Menschen ist der Rollator eine wichtige Hilfe. Allerdings finde ich, »Rollator« ist ein merkwürdiger Begriff. Man könnte doch besser »Gehwagen« sagen. In den USA heißt er »Walker«; was sagen Sie eigentlich dazu?

Ich habe mir auch angewöhnt, »Rollator« zu sagen, weil das der offizielle Name ist; gefallen tut mir der Name auch nicht, »Gehwagen« finde ich besser.

Wo benutzen Sie ihn? Nur draußen?

Nein, den brauche ich immer. Ich kann ohne das Ding nicht mehr gehen. Oder ich muss mich – das lernt man natürlich dann auch sehr schnell – an Möbelstücken anklammern.

Hier unten, im Wohnzimmer und Küchenbereich, benutzen Sie den Rollator also ständig?

Ja. Wir haben im unteren Bereich, also ebenerdig, meinen Rollator stehen und auch für Helmut einen zweiten. Für alle Wege hier unten benutzen wir den

Rollator. Wenn wir mit unserem Treppenlift in die erste Etage fahren, sind da zwei weitere Rollatoren, auf die wir dann sozusagen umsteigen können.

Das hört sich ja gut organisiert an.

Die Dinger sind aber auch wirklich praktisch. Es ist ja nicht nur, dass man vier Räder zur Stabilisierung hat, sondern es ist ein großer Korb daran …

… als Zubehör sozusagen …

… und wie vielfältig man diesen Korb benutzen kann, das lernt man dann mit der Zeit. Da kann man einen halben Haushalt reinpacken. Und auf der waagerechten Stellfläche kann man ein halbes Mittagessen transportieren.

Das wäre dann ja ein Ersatz für einen Teewagen.

In gewisser Weise ist er das für mich geworden. Denn ein Teewagen ist natürlich auch ein Möbel, an dem man sich festhalten kann. Da aber keine Bremse da ist, würde ich gehbehinderte Menschen davor warnen, sich am Teewagen festzuhalten. Der macht sich nämlich selbständig und zieht den Menschen mit, und das ist ja nicht der Sinn der Sache und zu gefährlich.

Hat es in Ihrem Haushalt schon immer einen Teewagen gegeben oder nur im offiziellen Bonn?

Nein, hier zu Hause ist natürlich auch ein Teewagen; denn manches Mal, besonders wenn wir Gäste haben, brauche ich ja mehr Geschirr oder auch schon fertige Speisen, und da habe ich inzwischen gelernt, mit einer Hand meinen Rollator und mit der anderen meinen Teewagen zu bedienen.

Das ist ja schon fast ein Balanceakt.

Das ist ein Balanceakt, und man muss das auch sehr vorsichtig machen.

Wie ist das bei Außenterminen, nehmen Sie dann den Rollator mit, oder haben Sie einen, der im Auto deponiert ist?

Nein, ich muss ihn mitnehmen, denn ich muss ja erst einmal zum Auto kommen.

Kann man den dann irgendwie zusammenpacken?

Den kann man wunderbar zusammenklappen. Die Hersteller dieses Rollators haben sich wirklich was einfallen lassen. Es gibt sehr viele praktische Sachen, die man so auf den ersten Blick gar nicht sehen kann. Man kann zum Beispiel an einer Schlaufe ziehen, die obendrauf ist, und dann wird aus dem ganzen Rollator ein schmales Paket, das gut in den Kofferraum passt oder irgendwo anders verstaut werden kann.

Rollatoren gibt es erst seit gut dreißig Jahren. Was haben ältere, gehbehinderte Menschen eigentlich früher gemacht?

Viele hatten natürlich einen Stock. Andere wurden gestützt oder mussten in schweren Rollstühlen geschoben werden. Mein Vater zum Beispiel hat im Rollstuhl gesessen und ist leider Gottes mal herausgefallen und hat sich das Bein gebrochen. Aus dem Krankenhaus ist er dann nicht wieder herausgekommen. Und meine Mutter hatte kein »Fahrzeug«. Sie ist aber verhältnismäßig früh in ein Altenheim gekommen – in Stade – und hat das Bett gar nicht mehr verlassen können.

Das heißt, mit dem Rollator kann man sich heute, wenn man gehbehindert ist, Mobilität erhalten, ja durchaus auch ein Stück Freiheit wiedergewinnen.

Mit dem Rollator hat man ein ganzes Stück Freiheit gewonnen, weil man auch sehr schnell gut damit zurechtkommen kann. Der Bewegungsradius ist unendlich viel größer.

Frau Schmidt, Sie sind eine öffentliche Person …

Was ist das?

Eine öffentliche Person ist jemand, der von der Öffentlichkeit wahrgenommen wird und, wenn er in der Öffentlichkeit auftritt, häufig auch von Medien begleitet wird. Und so kann ich mir vorstellen, dass Sie beim ersten Mal, als Sie mit dem Rollator in die Öffentlichkeit gegangen sind, vorher durchaus überlegt haben: Mache ich das, oder mache ich das nicht? Schließlich hatten Sie auch immer junge, kräftige Männer, die Sie an den Arm nehmen konnten.

Oder ich habe einen Gehstock benutzt.

Gab es die Überlegung: Nehme ich jetzt den Rollator und mache damit deutlich, dass ich noch ein Stück weit behinderter bin als vorher?

Ich weiß nicht, ob ich so viel reflektiert habe. Die Hauptsache war, dass ich dahin kam, wo ich hinwollte. Aber natürlich überlegt man sich, wenn man zum Beispiel vom Hamburger Senat zum Matthiae-Mahl eingeladen ist, das nun eine mehrhundertjährige Tradition hat, ob man dahin gehen kann mit einem solchen Wagen. Den muss man dann ja da irgendwo beiseitestellen, denn das ist im großen Festsaal des Rathauses. Und Platz braucht so ein Ding natürlich dann doch.

Ihr Mann benutzt ja jetzt, wenn er rausgeht, eher einen Rollstuhl.

Nicht eher. Er *muss* einen Rollstuhl benutzen, weil er mit dem Rollator außerhalb des Hauses nicht mehr zurechtkommt.

Das entlastet seine Hüften offensichtlich, und da sitzt er dann einigermaßen schmerzfrei?

Wenn er zum Beispiel in sein Büro in die *Zeit* fährt, geht er den ganzen Tag nicht aus dem Rollstuhl heraus.

Seitdem Sie einen Rollator haben, sehe ich viel mehr Menschen mit Rollatoren auf der Straße als vorher. Geht Ihnen das genauso?

Ich glaube, ja. Ich glaube, es hängt damit zusammen, dass man, wenn man selbst gemindert ist und mit der Minderung fertigwerden muss, sieht, dass es vielen anderen Menschen auch so geht.

Gibt es so etwas wie eine Art Solidarität, die man empfindet?

Solidarität, Gott, was heißt Solidarität? Das sind fremde Menschen, mit denen fühle ich mich nicht solidarisch, aber das Gefühl, dass man mit seinen Altersmühen nicht alleine ist, das hilft manchmal ein wenig.

Seit kurzem gibt es in Ihrem Hause ja auch noch einen Treppenlift für die obere Etage.

Ja, aber ich benutze einen Teil der Treppen noch als Ertüchtigungstraining. Mir ist durchaus klar, eine halbe Treppe, wo man sich am Geländer festhalten kann, ist körperliches Training für die Beine, und auf das will ich nicht verzichten. Wenn ich aber von oben nach ganz unten will, benutze ich den Lift.

Wie fühlen Sie sich auf dem Sitz?

Das ist doch prima, da fühlt man sich doch sehr gemütlich, finden Sie nicht?

Ich fand, ich hatte einen neuen Blick auf Ihre Wohnung, weil ich die wunderbare Gemäldewand zum ersten Mal aus einer anderen Perspektive gesehen habe.

Das ist wahr. Es ist eine andere Perspektive, als wenn man zu Fuß geht.

Der sieht ja sehr solide aus – das muss ja doch eine ziemliche Umbaumaßnahme gewesen sein.

Zunächst kam jemand, der die Kurven fotografiert und die Treppenstufen gemessen hat. Dann wurde uns ein Päckchen zugeschickt, und zwar ein verhältnismäßig kleines Päckchen mit den Bestandteilen des Sitzliftes. Danach kam ein Monteur, hat sich in Windeseile die Sachen zurechtgelegt und mit Schrauben einige Halterungen in den Treppen verankert – ich glaube, die ganze Montage hat nicht mehr als zwei Stunden gedauert, und schon konnte man sich draufsetzen und rauffahren.

Und er funktioniert perfekt?

Eigentlich ja, aber jetzt gerade habe ich einen Monteur bestellt. Es kommt natürlich vor, dass es auch Abnutzungserscheinungen gibt. Dieser Sitzlift läuft auf einem Rad, es ist eigentlich ein Kettenrad. Die

Kette wird parallel zur Treppe montiert, mit kleinen Stützen, und darauf läuft mit einem Zahnrad der Sitzlift. Wenn man sich das anguckt, sieht es sehr selbstverständlich aus, aber derjenige, der sich das ursprünglich mal ausgedacht hat, war ein pfiffiger Mensch.

Auch bei mir hat der Lift ja gleich Interesse ausgelöst, als ich ihn das erste Mal gesehen habe. Gilt das für alle Besucher? Hat da schon mal einer draufgesessen außer meiner Wenigkeit?

Natürlich. Das kommt allerdings auf das Alter der Besucher an. Kinder sind sehr daran interessiert, wie Sie sich denken können, und dann wieder etwas ältere Menschen, die irgendwo im Hinterkopf das Gefühl haben: »Das werde ich auch mal brauchen.« Diese beiden Gruppen sind sehr interessiert daran, sich mal draufzusetzen und spazieren zu fahren.

In einem noblen Fischrestaurant im Hamburger Hafen, das nur über eine steile Treppe zu betreten ist, habe ich kürzlich auch einen Treppenlift entdeckt. Das ist doch eigentlich eine gute Idee.

Das finde ich sehr vernünftig! Natürlich ist es auch geschäftstüchtig, aber es ist ein Sich-Hineindenken in die Kunden; möglicherweise sind sie angestoßen worden dadurch, dass ältere Besucher gesagt haben: »Jetzt kann ich nicht mehr kommen.« Auch wenn jemand noch gar nicht so bedürftig ist, einen Lift im eigenen Haus zu installieren – wenn man im Restaurant viele Treppen vor sich hat, ist man sehr dankbar, wenn man hochgefahren wird. Und möglicherweise ist kein Platz da gewesen für einen richtigen Lift.

Mich erinnerte das an eine Fernsehdokumentation über Ihren Mann. Johannes Rau hatte als Bundespräsident im Bellevue für Helmut Schmidt einen Empfang gegeben. Und da sah man nun Ihren Mann, wie er die vielen Stufen vom Schloss Bellevue hochging, oben ankam und richtig ermattet sagte: »Scheißtreppen.«

Unflätig!

Aber wäre es nicht auch angebracht – im öffentlichen Raum –, mehr an Behinderte zu denken?

Sicher, aber im Bellevue gibt es inzwischen ja eine gute Lösung, eine Art Plattform, die sich hebt. Die meisten Menschen kennen ja Aufnahmen von Bellevue: Da ist eine *riesige* Freitreppe – da können wohl zwanzig, dreißig Leute parallel miteinander hochmarschieren –, und nirgends gibt es ein Geländer. Es ist ja schon für mittelalterliche Menschen mühsam, eine so große Freitreppe mit Haltung hochzugehen – du darfst ja nicht krumm und schief zu deinem Bundespräsidenten kommen. Das haben sie übrigens sehr hübsch gemacht: Die Plattform, mit der man seitlich hochgehoben wird, hat als Plateau dieselbe Steinmusterung wie unten die unmittelbare Umgebung. Das fand ich sehr geschickt gemacht. Man steht da also, plötzlich hebt sich der Fußboden, und oben kann man dann mit strahlendem Gesicht den Bundespräsidenten begrüßen.

Eine gute Errungenschaft, ganz offensichtlich. Noch mal zurück zu Ihrem Haus: Haben Sie eigentlich wegen der verschiedenen Stockwerke mal überlegt, umzuziehen?

Natürlich haben wir das überlegt, und zwar schon, als wir das eigentlich noch nicht nötig hatten. Aber mein Mann möchte hier aus diesem Haus nicht mehr ausziehen, darum haben wir uns ja mit dem Treppenlift arrangiert.

Also eine klare Entscheidung …

Ja, natürlich. Ich habe in meinem Leben natürlich viele verschiedene Altersheime, Seniorenheime, oder wie immer man diese Häuser nennen will, gesehen – es gehörte ja zu meinen selbstgestellten Aufgaben in der Bonner Zeit, als Frau des Bundeskanzlers auch etwas Soziales zu tun, da habe ich mir Altenheime in Bonn ausgesucht, die ich regelmäßig besucht habe.

Und wie war der Eindruck?

Die Altenheime waren durchaus unterschiedlich – in der Atmosphäre, durch die Menschen, die sie leiten, durch Meublement und Ausstattung, aber auch durch die Bepflanzung draußen und drinnen. Doch die meisten Bewohner, die ich da kennengelernt habe, haben sich in den verschiedenen Häusern oder Institutionen eigentlich wohlgefühlt, möglicherweise haben sie im eigenen Hause dieselbe Erfahrung gemacht wie ich, dass alles furchtbar mühsam ist und fünfmal so lange dauert wie früher. Und dass sie in dem Heim doch sehr entlastet sind.

Bei Lichte betrachtet wäre ja von der Bebauung her der Kanzlerbungalow in Bonn ein idealer Alterssitz gewesen.

Ja, ebenerdig, aus jedem Fenster hatten wir einen schönen Ausblick, weil der ja mitten in einem kleinen Park lag; für ältere Menschen war er vielleicht ein bisschen weitläufig, aber mit einem Rollator hätte man sicher an Tagen, an denen es einem gutgeht, im Dauerlauf einmal rund ums Karree fahren können.

»Du hast die lange Erfahrung, vielleicht kann das manch einem ein bisschen weiterhelfen«

Alt werden ist schwierig

Frau Schmidt, wir wollten auch einmal intensiver über das Alter reden – oder ist das besser kein Thema?

Es ist ein Thema – und es ist nicht nur heute ein Thema. Es ist wirklich ein Thema, das auch Einundneunzigjährige, wenn sie noch halbwegs klar im Kopf sind, sehr, sehr beschäftigt, und zwar unendlich viel mehr, als ich vorher gedacht habe und als mein Mann vorher gedacht hat. Vor allem, wenn man sich nicht selbst irgendwelche Aufgaben oder Pflichten auferlegt, ist das Alter nur endlose Mühe. Das hätte ich wirklich nicht gedacht.

Ich habe kürzlich von dem inzwischen auch betagten und herzkranken Joachim Fuchsberger den Satz gehört: »Ach, wissen Sie, solange man im Kopf einigermaßen klar ist, sollte man sich eigentlich nicht beschweren.«

Da hat er natürlich recht, aber ich kenne auch die andere Seite, denn in unserer Bonner Zeit habe ich

Loki Schmidt und Reiner Lehberger im Garten in Hamburg-Langenhorn, 2010

ja auch soziale Aufgaben übernommen. Unter anderem habe ich mir Altenheime ausgesucht, wo ich sehr unterschiedlich wache Menschen kennengelernt habe. Ich war auch in einer Frauenabteilung, in der mir Frauen, die in Zweibettzimmern wohnten, sagten: »Jetzt lebe ich hier mit einem Menschen, der mir vor zehn Jahren völlig fremd war, aber wir haben uns so gut aneinander gewöhnt; dass ich in meinem Alter noch mal eine Freundin finden würde, hätte ich nicht gedacht.« Und da haben die beiden sich angelächelt. Das ist natürlich das Positivste, was ich erlebt habe. Aber ich habe – und zwar viel öfter – auch Frauen kennengelernt, die nur noch über das Wetter und ihr nächstes Mittagessen sprechen konnten.

Und es gibt ja dann auch noch viel traurigere Stadien des Alters.

Ja, sicher. Aber zu Menschen, die bettlägerig waren und gar nicht mehr richtig reagieren konnten, hat man mich damals nicht geführt.

Wann haben Sie das erste Mal das Gefühl gehabt, dass Sie alt sind?

Also, präzise kann ich das natürlich nicht sagen, das würde wohl auch kein Mensch sagen können. Ich weiß nur, dass ich meinen fünfundachtzigsten Geburtstag ziemlich groß im Barlach-Haus gefeiert habe. Den hatte, wie gesagt, meine Stiftung, die inzwischen über zwanzig Jahre alt war, ausgerichtet, und wir hatten vorher ein klein bisschen verabredet, was da stattfinden sollte. Da habe ich gedacht, besonders weil viele Auswärtige gekommen waren: Ach Gott, ist eigentlich ganz hübsch. Nun kommen sie alle deinetwegen. Natürlich hauptsächlich aus dem Bonner Umkreis, Menschen, mit denen ich dort mal etwas gemacht hatte. Es waren auch einige, mit denen ich mal auf irgendeiner Expedition war, die ich lange nicht gesehen hatte. Und ich bin da umhermarschiert und erlebte den fünfundachtzigsten Geburtstag mit lauter vertrauten Gesichtern – das war gar nicht so schlecht. Bald danach bin ich aber, als ich schnell von der Küche ins Esszimmer laufen wollte, über eine Teppichkante gestolpert und konnte nicht wieder aufstehen – und seitdem war es mit dem Laufen äußerst mühselig und schwierig.

Zum Glück sind Sie dann irgendwann auf den Rollator umgestiegen.

Ja, das war eine große Hilfe. Aber von meinen Stürzen sind dann die vielen Unzulänglichkeiten gekommen, so vieles, was man gar nicht mehr machen kann oder nur mit viel Mühe und Zeit. Vom Anziehen morgens angefangen, alle Kleinigkeiten und Selbstverständlichkeiten des Alltags dauern unendlich lange.

Und das Ihnen, einer so aktiven Frau.

Ich habe ja mein ganzes Leben, auch als Kind und als Halbwüchsige, zusätzlich Verantwortung für alles Mögliche übernommen – ich will gar nicht sagen »übernehmen müssen«, das war selbstverständlich –, es musste ja jemand für meine Geschwister Essen kochen, und nachmittags wollte ich in der Schule im Orchester spielen. Ich musste nicht, es gehörte zu meinem Leben dazu. Und zwar zu meinem Leben von dreizehn, vierzehn an, und ich habe mir nie den Kopf darüber zerbrochen – warum auch, ich konnte ja mehrere, auch sehr unterschiedliche Dinge an einem Tag machen.

Und das geht nun nicht mehr.

Ja. Nach dem Sturz war das vorbei – und dann fing es auch mit den Schmerzen an. Jetzt will ich Ihnen keine Krankengeschichte erzählen, nur: Ich konnte überhaupt nicht mehr richtig sitzen, bis ich dann, als ich genug Mut hatte, ins Krankenhaus gefahren bin und mir die Röntgenbilder, die man dort von meiner Fraktur gemacht hat, angeschaut habe. Stellen Sie sich die Wirbelsäule vor, und davon gehen die Rippen ab. Und eine ganze Reihe meiner Rippen waren schlicht abgebrochen …

Und das ist dann kunstvoll gerichtet worden.

Es waren zwei Operationen, die zweite hat vier Stunden gedauert. Zunächst sind von den Hüftknochen aus Titanschrauben in heile Wirbel geschraubt worden, um Halt zu geben. Und danach sind parallel zur Wirbelsäule senkrecht Titanstäbe befestigt worden. Ich habe also ein ganzes Titangestell, das sich sozusagen selbst hält und meinem Körper ab der Taille Halt gibt, sonst wäre ich bettlägerig.

Vier Stunden, das ist ja fast ein Wunder, dass Sie das geschafft haben.

Ich bin ein zähes Aas, das ist wahr. Und ich will mich auch nicht beschweren, aber hin und wieder muss man mal ein bisschen klagen dürfen.

Das ist wohl wahr, das entlastet. Sie sagen immer, das Alter hat verschiedene Stufen …

Oh ja. Genauso übrigens wie die Kindheit. Ich finde, das kann man ganz gut miteinander vergleichen. Vielleicht nur umgekehrt. Und wenn es ganz schlecht steht und der Kopf noch mitmacht, fragt man sich: Was soll das? Und dann kommen so – bei mir zumindest, vielleicht auch bei anderen – rein biologische Fragen.

Was heißt das?

Dass rein biologisch mit neunzig Jahren unsere Zeit längst abgelaufen ist. Alle Pflichten sind erfüllt, und der Körper ist für neunzig Jahre und mehr biologisch nicht eingerichtet. Und das Einzige, was einem dann noch als Trost bleibt, ist, dass man sagt: Du hast die lange Erfahrung, vielleicht kann das manch einem ein bisschen weiterhelfen.

Das ist ja auch bei Ihrem Mann besonders ausgeprägt. Seine Bücher finden Hunderttausende von Lesern, er ist als Ratgeber hoch gefragt. Ich habe den Eindruck, gerade in dieser Zeit liegt Altersweisheit besonders hoch im Kurs.

Das ist wahr. Und seine Reden und Aufsätze, an denen er heute zwar sehr viel länger arbeiten muss als früher, sind dann aber auch bis in den Satzbau erstklassig. Er ist ja nicht da, da kann ich das ja sagen.

Zum Thema Altersweisheit habe ich jüngst in einer amerikanischen Studie gelesen, dass sie keineswegs nur ein Mythos ist. Belegt ist zum Beispiel, dass ältere Menschen in sozialen Konflikten ausgewogener urteilen und Probleme aus mehreren Perspektiven betrachten.

Na, dann stimmt ja wenigstens in einigen Punkten das Sprichwort »Mit dem Alter kommt die Weisheit«. Aber Namen zum Beispiel kann man sich nun wirklich nicht mehr so gut wie früher merken.

Auch das belegt die Studie der Universität Michigan: Bei der Merkfähigkeit schneiden Jüngere deutlich besser ab als ältere Menschen. Aber insgesamt ist es zum Erhalt der geistigen Kräfte hilfreich, in Bewegung zu bleiben. Und Sie haben doch immer wieder neue Aktivitäten: die Stiftung Naturschutz, Buchprojekte – und das Schachspielen mit Ihrem Mann gehört sicher auch dazu.

Natürlich. Also, wenn man nichts vorhätte – nur mal ein paar Seiten in einem guten Buch lesen und im Übrigen sitzen und warten, bis die nächste Mahlzeit kommt –, das wäre für mich ein furchtbarer Gedanke!

Ich denke mir, dass, wenn man alt ist, der Verlust von Freunden ein ganz schwieriger Prozess ist.

Wissen Sie, wenn jemand sich ins Bett legt und nicht wieder aufwacht, dann schluckt man zwar und bedauert das – besonders, wenn man befreundet war –, aber irgendwo findet man es beinahe auch gut, dass er oder sie friedlich davongegangen ist.

Aber wenn man seine guten Freunde verliert, ist es doch auch für das eigene Leben schwierig, oder?

Es ist eine Verarmung und ein großer Verlust von Nähe und Gemeinsamkeit. Und leider kommt nichts Neues dazu. Das ist richtig. Aber – viel schlimmer finde ich, wenn gute, herzliche Freunde dahinsiechen müssen. Das tut einem dann richtig mit weh.

Meine letzte Frage: Was würden Sie sich wünschen, was mit Ihrem Namen verbunden bleiben sollte?

Also, ich denke, dass mein Name irgendwo mit dem Naturschutz in Deutschland verbunden bleiben wird, denn ich bin wirklich ziemlich mit die Erste, die sich in dieser Sache bemüht hat. Ich würde es mir auch wünschen.

Frau Schmidt, es wird gewiss auch Schulen geben, die Ihren Namen tragen werden. Da bin ich sehr sicher!

Das wäre auch gut. Dann aber eine Schule, die ein wenig so arbeitet, wie ich es versucht habe – eine Schule also, die nicht die Fächer und den Stoff, sondern das Kind und seine Fragen in den Mittelpunkt stellt.

»Meinen ersten Kuss habe ich von ihm erhalten, da war er wohl fünfzehn«

Helmut

Liebe Frau Schmidt, Ihr Mann ist immer noch einer der beliebtesten Politiker in Deutschland, obwohl er ja gar nicht mehr im politischen Geschäft ist. Haben Sie dafür eine Erklärung?

Nein, so richtig nicht. Darüber haben wir beide uns aber natürlich hin und wieder unterhalten. Dasselbe gilt ja komischerweise auch für mich als seine Ehefrau. Wir haben unsere Arbeit so gut gemacht, wie wir konnten, können jetzt nicht mehr ganz so viel tun wie früher, aber sonst hat sich nichts geändert. Allerdings haben wir immer Ja gesagt, wo wir Ja meinten, und Nein, wo wir Nein meinten. Und es könnte sein, dass diese, ich sage mal, Geradlinigkeit für einige Menschen ein Grund ist, uns besonders zu mögen.

Und vielleicht auch, dass Sie sich beide immer noch einmischen.

Ja, ich nehme an, die Zustimmung, die mein Mann, aber auch ich erfahren, hat viel mit unserer Arbeit zu tun: Helmuts Arbeit in seiner Zeitung und in der Politik und meine beim Naturschutz.

Wie sieht denn ein Werktag des heute über neunzigjährigen Helmut Schmidt aus?

Zunächst einmal: In dem Alter unterscheidet man nicht mehr zwischen Wochentag und Sonntag. Und dann – Herr Lehberger, wir wollen ja noch ein wenig zusammensitzen, da wäre es nett, wenn Sie mir noch einmal eine Tasse Kaffee einschenken könnten.

Aber gern!

Also, in der Woche gibt es drei Arbeitstage, die schon mal festgelegt sind. Es können auch fünf werden, aber diese drei sind festgelegt, weil er ja bei der *Zeit* angestellt ist: Dienstag, Donnerstag und Freitag. Da geht er um elf aus dem Haus und kommt abends gegen 18 Uhr zurück. Und weil das mit dem Gehen inzwischen für ihn so schwer ist, benutzt er den Rollstuhl und bleibt dann die gesamte Zeit in seinem Büro darin.

Und was passiert montags und mittwochs?

Montags, mittwochs und natürlich an den drei *Zeit*-Tagen abends arbeitet er am Schreibtisch zu Hause. Und sonnabends muss aufgearbeitet werden, was an Post kommt.

Das hört sich ja nach durchgehendem Schaffen an.

Ja, jeden Tag ist Arbeit. Wobei Helmut am Wochenende einiges an Schlaf nachholt.

Haben Sie ihm noch nie gesagt, er solle mal kürzertreten?

Nein. *(Lacht.)* Ich finde es gut, dass er so aktiv ist. Das hält ihn munter, und es gibt dann ja auch für mich viel Interessantes zu hören.

Frau Schmidt, ich gehe in Ihrem gemeinsamen Leben mal ganz weit zurück. Als Sie ihn kennengelernt haben – was ist Ihnen als Erstes aufgefallen?

Dass er kleiner war als ich. Das spielte in dem Alter noch eine ganz große Rolle; wir waren beide zehn. Dass er eine – ja, ich will nicht sagen, freche … Können Sie sich unter dem Wort »kiebig« etwas vorstellen?

Ja, kann ich …

… eine »kiebige Klappe« hatte. Und dass er eigentlich sehr viel wusste. Das war mein erster Eindruck. Dann kam er aber bald und hatte die Matheschularbeiten nicht gemacht; er kam hilfeflehend bei mir an. Damals hatten wir beide eine fast identische Handschrift. Also, in Helmuts Matheheften standen häufig Aufgaben drin – damals, in der Sexta, Quinta –, die aussahen, als ob er sie geschrieben hätte. Dabei hatte ich sie auf die Schnelle da reingeschrieben. Wir hatten uns, wohl weil wir einen sehr langen gemeinsamen Schulweg quer durch den Stadtpark zur S-Bahn hatten, sehr schnell angefreundet.

Das heißt, Mathematik mochte er nicht so gern …

Mathematik mochte er gern, aber die Schularbeiten mochte er nicht. Doch, er mochte Mathe – nicht so gern wie ich, aber dass er es nicht mochte, kann man nicht sagen.

In der Kindheit und Jugend ist es ja auch wichtig, ob jemand sportlich ist oder nicht. Wie war das bei Ihrem Mann?

Ich will das noch mal anders sagen: In dem Alter spielt das Reden noch nicht so eine große Rolle wie die körperliche Gewandtheit und auch Kraft. Das ändert sich erst, wenn die Pubertät anfängt. Und insofern war es sicher auch für mich interessant, dass Helmut ein erstklassiger Sportler war. In der Leichtathletik zum Beispiel, und später hat er dann auch gerudert.

Also auch das war in Ordnung. Er konnte gut reden und war auch ein guter Sportler. Wann ist Ihnen eigentlich klargeworden, dass aus ihm mal was Besonderes werden würde?

Natürlich hätte man spätestens bei der Flutkatastrophe, also 1962, auf die Idee kommen können. Aber das fand ich auch selbstverständlich. Ein Hamburger, der mithelfen wollte, seine Vaterstadt zu retten, und der dann einfach Entscheidungen fällte, um schnell Hilfe zu bekommen. Dass er vielleicht dabei über seine Amtskompetenzen hinausging, fand ich richtig in dem Augenblick, denn nur so konnte den Menschen geholfen werden.

Das heißt, früher haben Sie in ihm nicht etwas Besonderes gesehen?

In der Schulzeit haben ihn, glaube ich, alle in der Klasse im Geschichtsunterricht ein bisschen – ich will nicht sagen, bewundert, aber sicher bestaunt. Denn den Geschichtsunterricht bestritten unser Geschichtslehrer, Helmut und ein weiterer Klassenkamerad. Den dreien hörten wir anderen ehrfürchtig zu. Da war schon klar, dass Helmut sich für das »Große« und das »Ganze« interessierte.

Ich mache jetzt mal einen zeitlichen Sprung …

… ja …

… und gehe in den Mai 1974, als Willy Brandt als Kanzler aufgab und über seinen Finanzminister sagte: »Der Helmut muss das machen.« Als Sie das hörten, was haben Sie dabei gedacht? Haben Sie ihm zugetraut, dass er das gut machen würde als Kanzler?

Ja.

Ohne Wenn und Aber?

Ohne Wenn und Aber, denn es musste jemand anders machen als Willy Brandt, der wollte und konnte das wohl auch nicht weitermachen. Das war mir klar. Nun muss ich eins dazu sagen: Ich habe nie für Willy Brandt geschwärmt. Ich habe ihn immer eher für einen Visionär gehalten, der nicht mit beiden Füßen fest auf dem Boden steht.

Mit dieser Entscheidung hatte sich natürlich auch für Sie die Lebenssituation noch einmal ganz erheblich verändert: Frau des Kanzlers – das war sicher noch einmal etwas anderes, als Frau eines Ministers zu sein. Haben Sie eigentlich irgendwann einmal das Gefühl gehabt, dass Sie in seinem Schatten stehen?

(Lacht.) Nein.

Das finde ich erstaunlich. Man könnte ja auch annehmen, dass es neben einem so erfolgreichen Mann nicht immer einfach war.

Nein, ich habe ja – wahrscheinlich wegen der gemeinsamen Schulzeit – eine Einstellung zu meinem Mann entwickelt, ein vertrautes Verhältnis, das sich immer ein wenig weiterentwickeln konnte. Dieses Vertrauen und vielleicht auch den besonderen Umgang miteinander, bedingt durch die lange gemeinsame Schulzeit, darf man bei uns beiden nicht vergessen. Und insofern hat es so etwas wie Konkurrenz oder Abstand bei mir nicht gegeben.

Vertrauen als Basis, aber Liebe war ja wohl auch dabei, denn sonst hätten Sie ihn ja nicht geheiratet.

Natürlich. Natürlich war ich dann auch irgendwann in ihn verliebt, das ist ja klar. Übrigens: Meinen ersten Kuss habe ich von ihm erhalten, da war er wohl fünfzehn.

Und haben Sie als Person von ihm profitiert?

Also, wenn Menschen sich so lange kennen, befreundet oder verliebt ineinander sind und nicht voneinander profitieren, dann ist da irgendetwas schief. Natürlich habe ich zum Beispiel von seinem großen Wissen profitiert. Das Thema Geschichte habe ich ja schon als ein Beispiel angesprochen.

Und worin hat Ihr Mann von Ihnen profitiert?

Ich nehme jetzt das, was er immer aus Quatsch sagt: Dass er Gundermann und Günsel unterscheiden kann, das hat er von mir gelernt, schon in der Schule. Nein, natürlich profitiert man von dem anderen, wenn man zusammenlebt, wenn man zusammen einen Ausflug macht, wenn man eine Ausstellung besucht, ach, in jeder Lebenslage, weil jeder die Dinge etwas anders betrachtet. Und wenn man einen solchen Austausch über viele Jahrzehnte gemeinsam exerziert hat, dann beeinflusst man sich natürlich gegenseitig, und davon profitieren dann auch beide.

Rein zeitlich gesehen sind Sie ja heute viel mehr zusammen, am Tag und am Wochenende, als in der aktiven politischen Zeit Ihres Mannes. Entdeckt man da neue Gemeinsamkeiten?

Brauchten wir nicht, wir haben unsere Gemeinsamkeiten eher fortgeführt. Denn auch jetzt ist es ja so, wenn Helmut für seine Zeitung arbeiten oder zum Beispiel eine Rede vorbereiten will, dann zieht er sich in sein Zimmer zurück. Und ich habe mich früher, als ich noch mobiler war, auch in mein Arbeitszimmer zurückgezogen. Wir sind ja inzwischen so wohlhabend geworden, dass wir jeder ein eigenes Arbeitszimmer haben. Und wenn man dann wieder zusammensitzt, tauscht man sich aus, das heißt, der andere bekommt ja auch immer wieder etwas Neues mit.

Lesen Sie manchmal seine Texte, bevor sie veröffentlicht werden?

Ja, meistens bekomme ich sie vorher zu sehen. Aber es kommt kaum vor, dass ich nachfragen muss oder dass ich sage: Das würde ich anders ausdrücken. Das geht Helmut aber mit meinen Texten, die ich ihm manchmal gebe, genauso. Da ist eine gemeinsame Sicht, bis hin zu ähnlichen oder vertrauten Formulierungen.

Zu Ihren Gemeinsamkeiten heute zählt ja auch die Liebe zum Schach, zur Kunst und zur Musik.

Schach spielen, ja, und Kunst, ja, aber weil Helmut nur noch sehr, sehr schlecht hört, habe ich bewusst die Musik, die für mich eine sehr große Rolle gespielt hat, zurückgedrängt. Das ist ja etwas, was man im Laufe des Lebens – nein, im Laufe des Altwerdens – lernen muss: auf Dinge zu verzichten und Abstriche zu machen.

Das ist sicher bitter.

Ja. Aber Sie sehen ja, ich habe mich damit arrangiert.

Und wie ist es mit der Kunst?

Also, dass wir uns Bilder schenken oder Bilder gemeinsam kaufen, das ist das, was wir beide als den Luxus unseres jetzigen Lebens betrachten. Und Luxus sind sicher auch die vielen Bücher, die wir gemeinsam besitzen.

Denkt man am Ende des Lebens auch mal darüber nach, dass es hätte anders laufen können?

Ja, natürlich. Wir haben kürzlich mal darüber geredet, Helmut und ich, wie anders unser Leben verlaufen wäre, wenn wir zum Beispiel vier Kinder gehabt hätten oder fünf.

Hätten Sie sich das gewünscht?

Oh ja! Ich wollte als junger Mensch ja sogar sechs Kinder haben. Und dann wäre wohl vieles anders gewesen. Ich zum Beispiel hätte keine Expeditionen machen können, wäre viel mehr Mutter und Hausfrau gewesen. Und natürlich wäre Helmut auch in seiner freien Zeit mehr daran gelegen gewesen, sich um seine Kinder zu kümmern als um irgendwelche Themen in der Politik.

Ihr Mann wirkt nach außen hin eher als Einzelgänger denn als geselliger Mensch. Ist diese Beobachtung richtig?

Wir sind, glaube ich, beide keine Menschen, die in freien Minuten unbedingt immer mit anderen zusammenglucken müssen, aber ein Einzelgänger ist Helmut gewiss nicht.

Und was ist mit der Einschätzung, dass er einen Hang zur Arroganz habe?

(Hebt die Arme.) Dagegen kann man sich nicht wehren; wenn man eine klare Meinung hat und die deutlich vertritt, dann gilt man bei vielen schon als arrogant. Und wenn Sie Dinge selbst miterlebt haben, und dann kommt jemand, der ist halb so alt und hält Ihnen Vorträge, wie das eigentlich hätte sein müssen, fällt es auch mir recht schwer, den Mund zu halten. Und das darf ich ja auch sagen: In vielen Dingen hat Helmut doch auch recht behalten.

Frau Schmidt, Ihr Mann war immer auch eine sehr attraktive Erscheinung. Viele Frauen haben sicher für ihn geschwärmt. War das schwierig für Sie?

Ich glaube, das ist für jede Frau – umgekehrt für jeden Mann sicher auch – schwierig, wenn der Ehepartner für andere attraktiv ist, und wenn man das zu deutlich merkt, ist das nicht immer ganz leicht. Und das galt natürlich auch für mich als Ehefrau von Helmut Schmidt.

In dieser langen Beziehung hat es sicher auch Krisen zwischen Ihnen gegeben.

Das ist doch ganz klar – wobei wir definieren müssten, was man unter Krise versteht.

Vielleicht, wenn man an die Grenzen der Beziehung stößt. Ihr Mann hat einmal öffentlich gesagt, dass es vor allem Ihr Verdienst gewesen sei, dass solche Krisen überwunden wurden.

Dafür war ich ihm auch dankbar, und eigentlich ist damit zu diesem Thema auch alles gesagt. Aber vielleicht allgemein: In so einem langen Leben gibt es natürlich Phasen, wo man das Gefühl hat, es klappt hier nicht und klappt da nicht, und an sich selbst zweifelt. Ich glaube, das gehört einfach zum menschlichen Leben dazu. Solche Zeiten halte ich sogar für wichtig, damit man mal eine Pause macht, einiges zurückverfolgt und auch ein wenig – wenn man jünger ist – bewusster nach vorne schaut.

Aber es gab am Ende Ihrer Zeit als Lehrerin eine Phase, in der Sie selbst auch länger krank waren und mit Herzproblemen ins Krankenhaus mussten.

Ja, das war eine Zeit, in der Schwächen des Körpers und der Seele zusammenkamen. Das war keine leichte Zeit.

Haben Sie damals über grundlegende Veränderungen nachgedacht?

Nein, dass ich darüber nachgedacht hätte, alles zu verändern, so war das nicht. Aber damals ist mir deutlich geworden, dass ich ein eigenes Feld brauchte, das ich für mich bearbeiten konnte. Ansonsten kann man wohl ein Leben mit einem so erfolgreichen und vielbeschäftigten Mann auch nicht führen.

Hat Ihr Mann Sie in diesem Entschluss bestärkt?

Das hat er – und er hat sich auch immer für meine Arbeit interessiert. Das gilt bis heute: Er nimmt Anteil, zum Beispiel wenn ich eigene Buchprojekte habe.

Bleibt mir als Letztes, Frau Schmidt, zu fragen: Würden Sie denn Ihren Mann noch einmal heiraten?

Was für eine Frage, Herr Lehberger! Aber selbstverständlich würde ich das!

Bildnachweis

Privatarchiv Reinhard Golecki 48
IMT, Isabel Mahns-Techau 204
Karin Rocholl 12, 29, 33, 141, 186
Sven Simon 51, 100
C.-A. von Treuenfels 69